工业物联网原理

邵汉舒 / 著

电子工业出版社
Publishing House of Electronics Industry
北京·BEIJING

内 容 简 介

本书以自主创新的"三体系五平台"物联网理论为基础框架,深入解析工业物联网结构及其运行机制。在三种主要工业物联网类型中,本书系统地论述了智能制造工业物联网的结构框架、功能特点、信息运行、物理实体,并对智慧工厂工业物联网与云制造工业物联网进行了整体介绍。

本书可适用于普通高等院校或高等职业院校物联网、智能制造相关专业学生的学习,也可供物联网与智能制造相关的研究人员与从业者参考。

未经许可,不得以任何方式复制或抄袭本书之部分或全部内容。
版权所有,侵权必究。

图书在版编目(CIP)数据

工业物联网原理 / 邵汉舒著. -- 北京:电子工业出版社,2025.3. -- ISBN 978-7-121-49718-6
Ⅰ.F406-39
中国国家版本馆 CIP 数据核字第 2025RL0431 号

责任编辑:雷洪勤
印　　刷:三河市良远印务有限公司
装　　订:三河市良远印务有限公司
出版发行:电子工业出版社
　　　　　北京市海淀区万寿路 173 信箱　邮编:100036
开　　本:720×1000　1/16　印张:11.5　字数:220.8 千字
版　　次:2025 年 3 月第 1 版
印　　次:2025 年 3 月第 1 次印刷
定　　价:88.00 元

凡所购买电子工业出版社图书有缺损问题,请向购买书店调换。若书店售缺,请与本社发行部联系,联系及邮购电话:(010)88254888,88258888。
质量投诉请发邮件至 zlts@phei.com.cn,盗版侵权举报请发邮件至 dbqq@phei.com.cn。
本书咨询联系方式:leihq@phei.com.cn。

前言 INTRODUCTION

《工业物联网原理》是对工业物联网组建和运行逻辑的阐述。在工业物联网这一概念诞生之前,物联网并未被明确应用于工业领域,各领域也没有对物联网形成统一的认识。在当时对物联网的众多解释中,最主要的有3种:M2M、IoT、CPS。

M2M（Machine to Machine,机器对机器）由通信行业提出,是指机器与机器之间的通信连接,后又衍生出人与机器（Man to Machine）之间的通信连接这一内涵。M2M强调人、设备、信息系统三者之间的信息互通和互动,关注通信的实现,网络在其技术框架中处于核心地位。

IoT（Internet of Things,物联网技术）由IT行业提出,是指信息传感设备与互联网的连接。IoT强调物和物之间通过互联网进行的通信,互联网的全球化、开放性、互操作性、社交性是支撑IoT这一理念的基础。

CPS（Cyber Physical System,信息物理系统）于2006年在美国被提出,是指工业制造中嵌入式、自动化的信息系统。CPS深度融合了传感器、嵌入式计算、云计算、网络通信、软件等各类信息技术,使得各类信息技术高度协同和自治,实现了生产应用系统自主、智能、动态、系统化地监视并改变物理世界的性状。CPS强调物理世界和信息世界之间实时的、动态的信息反馈与循环过程。

M2M、IoT、CPS之间并不是彼此独立的,其中大量技术功能存在交叉或互补,三者代表了物联网的不同侧重领域。在融合以上三类概念的基础上,"工业4.0"与"工业互联网"的概念得以诞生,进而发展出"工业物联网"这一概念。

从第一次工业革命至今,工业的诞生与发展已经历了多个阶段,自工业 1.0 开始，已演进到工业 4.0。工业 1.0 是机械制造时代，18 世纪的第一次工业革命，以蒸汽动力驱动机器从而代替人力，实现了工业生产的蒸汽化，工业化进程启动。工业 2.0 是电气化时代，19 世纪下半叶到 20 世纪初的第二次工业革命，以电力替代蒸汽，实现了工业生产的电气化，通过零部件生产与产品装配的成功分离，开创了产品批量生产的新模式。工业 3.0 是电子信息化时代，20 世纪 70 年代至今，电子与信息技术的发展和应用，使制造过程的自动化程度进一步提高，实现了工业生产的信息化和自动化，以 PLC（Programmble Logic Controller，可编程逻辑控制器）与 PC（Personal Computer，个人计算机）的应用为标志，实现了机器对人工的进一步替代。

工业 3.0 在近 20 年实现了高速的发展，催生出工业 4.0。工业 4.0 这一概念，最早于 2013 年由德国提出，其主要目标是建设信息物理系统，并积极布局智能工厂，推进智能生产，最终形成一个提供高度灵活的个性化和数字化产品与服务的生产模式。工业 4.0 是智能制造时代，智能化的机器将实现对人工的高度替代。此外，工业 4.0 不仅涉及生产制造过程，还涵盖研发设计、仿真模拟、工艺设计、生产实施、物流仓储和售后服务等多个方面。工业 4.0 旨在通过智能化、网络化、集成化的技术实现工业的高度自动化，为企业提供更高效、更精确的生产能力，为消费者提供更优质、更具个性化的产品和服务。

基于工业 4.0 这一趋势和愿景，工业物联网应运而生。Industrial Internet of Things（工业物联网）这一概念源自 2012 年由美国通用电气公司（GE）提出的 Industrial Internet（工业互联网）概念。工业互联网并非互联网在工业中的简单应用，而是新一代信息通信技术与工业经济深度融合的新型基础设施、应用模式和工业生态，通过对人、机、物、系统等的全面连接，构建起覆盖全产业链、全价值链的全新制造和服务体系，为工业乃至产业的数字化、网络化、智能化发展提供了实现途径。工业互联网将虚拟消费转化成实体消费，互联网与生产领域紧密联系，从而建立工业互联的网络结构，实现工业生产的智能化、自动化。工业互联网强调工业生产中的联网特性，在此基础上，工业物联网将这种联网特性建立在工业生产中物与物的关系之上，相较于工业互联网更为全面、本质地把握了新阶段工业生产的特点，故本书采用"工业物联网"作为统一指称，将"工业互联网"涵盖在内。

工业物联网和工业 4.0 在理念层面具有较高的契合度，都依托于互联网、物联网与大数据等技术实现集成与互联，都利用信息化、智能化手段改造当前的生产制造与服务模式，以提高企业的生产效率，提升产品和服务的市场竞争力。

同时，相较于工业 4.0，工业物联网这一概念内涵更为丰富，外延更为全面。工业 4.0 战略偏重生产制造的"硬"环节；工业物联网强调工业生产的"软""硬"结合。工业 4.0 偏重生产与制造过程，由集中式控制向分散式增强型控制转变；工业物联网关注生产、制造过程与设计、服务环节的有机融合，旨在形成开放且全球化的工业物联网络，通过通信、控制和计算在智能制造设备和系统上的集合，实现生产管理与服务水平的同步提升。工业 4.0 强调生产过程的智能化；工业物联网强调工业企业内外部运行全流程的智能化。工业 4.0 倡导通过以 CPS 为核心的产品与生产设备之间、工厂与工厂之间的横向集成，实现生产系统的有机整合，进而推动生产效率的提升；工业物联网则立足于全行业的信息资源，追求全行业的制造升级。

2015 年，工业 4.0 联盟和工业互联网联盟开始合作，以解决两种物联网标准因存在较大差异而产生的矛盾。工业 4.0 立足于德国工业中小企业不具备"数字化转型"能力的问题，重点帮助德国中小企业降低数字化转型的成本，以及通过大企业的落地项目，带动产业链上下游的中小企业优先发展，进而促使德国大、中、小企业共同参与到新的全球化产业格局中。工业互联网则立足于美国信息与互联网产业发达，而制造业衰退的"产业空心化"问题，着重于美国产业结构的重新平衡，以重新实现美国对工业领域全盘掌控。

工业 4.0 和工业互联网各有优势和短板，在此基础上，工业物联网将二者优势互补，在最大程度上克服了二者的短板。工业物联网将"硬件化"和"软件化"升级路线相结合，既关注复杂生产场景中的工业自动化、软/硬件的融合和内部信息系统的智能化，也强调将大数据、人工智能等新型信息技术注入工业领域的企业系统，以推动产业链整体的智能化。工业物联网既是制造业的价值链重新构建，也是跨领域的工业互联架构。

工业物联网这一概念，在现阶段得到了进一步发展。现阶段的工业制造作为工业物联网的新型实践场域，将工业物联网指向当前工业领域存在的主要问题：其一，信息孤岛，在工业数字化过程中，由于系统不兼容、数据格式不统一等因素，未实现工业企业、用户之间的流程整合与数据共享，无法支持一体化流转；其二，低效决策，生产管理系统数据采集不全，导致数据质量不佳或数据不完整，无法支持相应的高效决策；其三，数据分散，工业企业基于多系统集成的方式进行生产制造管理，系统之间互通性不足，数据被独立分散存储；其四，自动化程度较低，多数工业企业未实现全流程自动化生产，不利于生产效率的提高和生产成本的降低；其五，管理效率低下，多数工业企业未实现信息化、体系化管理，各系统、各环节独立运作，阻碍了管理水平的提升。

工业物联网的建设、完善与应用是解决上述问题、实现工业转型的必经之路，是推动高质高效发展的重要引擎。具体而言，工业物联网的价值与意义主要体现在以下三个方面。

第一，工业物联网是实现人们日益增长的需求的重要途径。人们对美好生活的向往和追求，生发出丰富多样的物质和精神需求。工业生产是产品和服务得以实现的核心环节，相较于传统工业生产，工业物联网的应用能够提供更多高质量产品与服务，进一步满足人们的需求，作用于人们生活水平和幸福感的提升。

第二，工业物联网是推动产业转型与升级的必由道路。目前，工业发展面临着老龄化社会带来的劳动力减少、资源匮乏背景下的能效不足、产业转移带来的国内制造业空心化、全球化背景下的制造业竞争加剧等问题。制造业产值是 GDP 的重要组成部分，工业物联网将以制造业为抓手，进一步推动产业的转型与升级，实现传统制造向智能制造的转变。

第三，工业物联网是顺应经济发展规律、响应市场需求的必然选择。现阶段的全球市场，是充满差异化、个性化的消费者需求的市场。为适应这些需求，需要利用工业物联网推动工业生产实现从"大规模生产"向"大规模定制"的转变。"大规模定制"，以顾客为中心，以快速响应赢得市场；根据客户定点安排生产，属于拉动式生产方式；通过灵活性和快速响应来实现多样化和定制化；实行差异化战略，通过快速反应、提供个性化产品和服务来获取竞争优势。

本书正是立足于工业发展的新阶段，为工业创新贡献新思路，将工业物联网原理以结构清晰、体系完整的形式向读者呈现。本书将工业物联网的基础理论与应用实际相结合，以明晰的工业物联网组建和运行逻辑为指导，系统地介绍了工业物联网的基本概念、主要类型、结构框架、信息运行等核心内容。本书通过深入浅出的阐述，力求为读者提供一个立体化的理论结构，使读者能够掌握工业物联网的基本原理，并将这些原理应用于实际的工业场景中。

目录 CONTENTS

第一章 Chapter 1
工业物联网

第一节　工业物联网概述 / 002
第二节　智能制造工业物联网 / 004
第三节　智慧工厂工业物联网 / 005
第四节　云制造工业物联网 / 005

第二章 Chapter 2
智能制造工业物联网体系

第一节　智能制造工业物联网结构 / 008
第二节　智能制造工业物联网类型 / 011
第三节　智能制造工业物联网组网过程 / 018

第三章 Chapter 3
智能制造工业物联网用户平台

第一节　用户平台的功能体系 / 024

第二节　用户平台的信息体系 / 029

第三节　用户平台的物理体系 / 037

第四章 | Chapter 4
智能制造工业物联网服务平台

第一节　服务平台的功能体系 / 040

第二节　服务平台的信息体系 / 044

第三节　服务平台的物理体系 / 051

第五章 | Chapter 5
智能制造工业物联网管理平台

第一节　管理平台的功能体系 / 056

第二节　管理平台的信息体系 / 063

第三节　管理平台的物理体系 / 083

第六章 | Chapter 6
智能制造工业物联网传感网络平台

第一节　传感网络平台的功能体系 / 088

第二节　传感网络平台的信息体系 / 091

第三节　传感网络平台的物理体系 / 098

第七章 Chapter 7
智能制造工业物联网感知控制平台

第一节　感知控制平台的功能体系 / 104

第二节　感知控制平台的信息体系 / 108

第三节　感知控制平台的物理体系 / 116

第八章 Chapter 8
智慧工厂工业物联网

第一节　智慧工厂工业物联网的整体结构 / 120

第二节　智慧工厂业务物联网 / 124

第三节　智慧工厂职能物联网 / 129

第四节　智慧工厂行政物联网 / 132

第五节　智慧工厂自组物联网 / 136

第九章 Chapter 9
云制造工业物联网

第一节　工业物联网云平台 / 140

第二节　智慧工业园工业物联网 / 147

第三节　智慧工业区工业物联网 / 157

第四节　广域云制造工业物联网 / 160

结语 / 167

参考文献 / 169

Chapter 1
第一章

工业物联网

第一节
工业物联网概述

工业物联网是应用于工业领域的物联网,是以智能制造为基础,以用户(企业)需求为主导,通过服务平台的服务通信、管理平台的统一管理、传感网络平台的传感通信以及感知控制平台的感知控制,为用户提供服务,最终满足用户需求的物联网运行体系。工业物联网的整体结构如图 1-1 所示。

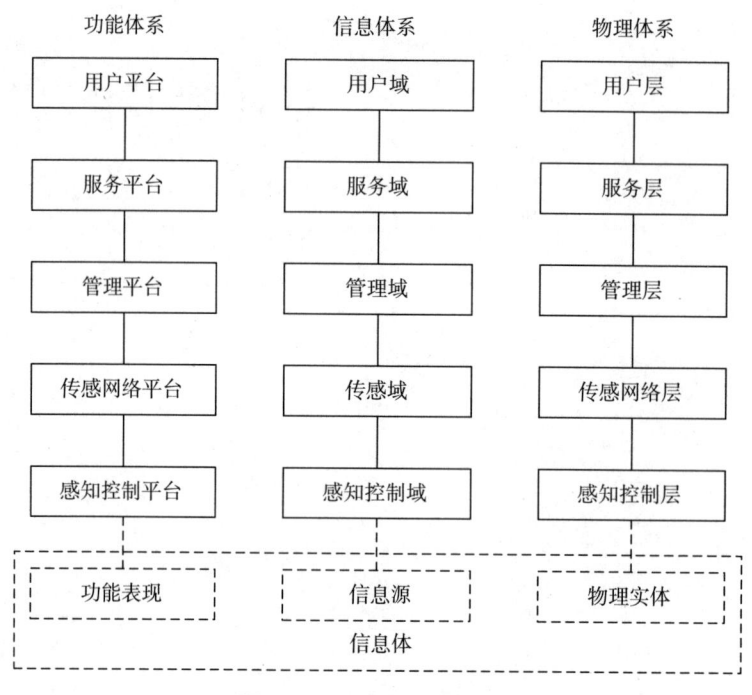

图 1-1 工业物联网的整体结构

工业物联网体系参照物联网的结构和运行规律[①]可分为功能体系、信

---

① 物联网结构和运行规律的具体内容参见:邵泽华.物联网——站在世界之外看世界.北京:中国人民大学出版社,2017.

息体系、物理体系，这3个体系与信息体相连接。功能体系包含5个平台：用户平台、服务平台、管理平台、传感网络平台和感知控制平台。工业物联网中的感知控制平台对应物联网结构中的对象平台，是物联网理论中的对象平台在工业方面的应用。

信息体是信息源（感知信息的来源[①]）和物理实体的统称，本身具有一定功能（物联网中信息运行的物理呈现）。信息体包括功能表现、信息源、物理实体3个要素，与工业物联网的三体系相对应。用户可以通过工业物联网的三体系、五平台架构感知和控制信息体，使信息体的最终功能满足用户需求。

在3个体系中，功能体系是功能的集合，用以满足用户对信息体的功能需求；信息体系是信息与信息运行方式的集合，以物理体系为载体；物理体系是物理实体的集合，是信息体系的载体；信息体系与物理体系相结合，实现功能体系中的对应功能。

5个平台分别负责用户感知和控制信息体的不同环节：用户平台提供物联网组网与运行所需资源，授权、控制其他平台，使其他平台为用户平台提供服务，从而满足用户平台对信息体的功能需求；感知控制平台直接感知和控制信息体，通过物联网体系为用户平台提供服务；管理平台通过传感网络平台对感知控制平台进行管理，通过服务平台为用户平台提供服务；服务平台将用户平台的需求传达至管理平台，将管理平台的服务传达至用户平台；传感网络平台将管理平台的需求传达至感知控制平台，将感知控制平台的信息传达至管理平台。

用户通过工业物联网的信息闭环运行感知和控制信息体。信息分为感知信息和控制信息：感知信息是感知控制平台与用户平台之间向上传输的信息，用户通过感知信息的运行感知信息体；控制信息是感知控制平台与用户平台之间向下传输的信息，用户通过控制信息的运行控制信息体。信息运行闭环是感知信息和控制信息运行的闭环。信息运行闭环整体上分为

---

① 邵泽华.物联网与企业管理.北京：中国经济出版社，2021.

大闭环、小闭环和内闭环三类。大闭环是由 5 个平台与信息体参与的信息运行闭环；小闭环是除用户平台外的其他平台与信息体参与的信息运行闭环；内闭环是各平台内部的信息运行闭环。信息系统是基于各平台的不同功能划分的信息运行闭环集合。

基于用户的不同需求（如生产制造需求、生产经营需求、云服务需求等）与用户提供的不同资源，工业物联网可分为智能制造工业物联网、智慧工厂工业物联网、云制造工业物联网三种类型。

第二节 智能制造工业物联网

智能制造工业物联网是以用户的生产制造（原材料转化为产品）需求为主导，通过管理平台的管理、服务平台和传感网络平台的通信及感知控制平台的制造执行，满足用户生产制造需求的工业物联网。

智能制造工业物联网是智能制造生产活动的实施体系与管理体系，它可通过对设备与生产线的数据获取、资源配置、实时监控和有效管理，完成各种复杂的制造作业任务。

在智能制造工业物联网中，智能制造的生产活动包括制造实施与制造管理两个方面，二者相互协同，在同一套组织架构和功能体系中进行。智能制造工业物联网将智能制造的实施设备和执行单元纳入管理范畴，通过智能设备和智能生产线感知和控制信息体，对各信息体、各环节、各系统间的关系进行协调，以完成智能制造的生产活动，满足用户需求。

智能制造工业物联网包括 3 种类型：单体物联网、复合物联网、混合物联网。复合物联网和混合物联网在单体物联网的基础上组建而成。

第三节
智慧工厂工业物联网

智慧工厂工业物联网是以用户的生产经营需求为主导的工业物联网，在工业企业管理工厂智能制造的基础上形成，是集智慧工厂的业务管理（生产、研发、市场等）和职能管理（安全、质量、行政等）于一体的生产经营管理体系。

智慧工厂工业物联网将智能制造解决方案嵌入企业业务和工厂运作流程中，实现智能制造、业务流程和企业经营流程的整合。

智慧工厂工业物联网和智能制造工业物联网共同构成了工业企业内部的物联网体系。智能制造工业物联网是该体系的重要支撑，是实现产品产出的执行环节，主要涉及生产运营部门对生产制造的执行和管理；智慧工厂工业物联网以智能制造工业物联网为基础，负责智能制造的部署、设计和经营管理，可以溯及企业对智能制造的战略决策、研发设计、配套服务等环节，也涉及企业内部的业务管理和职能管理等方面。

智慧工厂工业物联网分为四种类型：智慧工厂业务物联网、智慧工厂职能物联网、智慧工厂行政物联网、智慧工厂自组物联网。

第四节
云制造工业物联网

云制造工业物联网是云平台参与的工业物联网。

云平台基于硬件资源和软件资源提供计算、存储等服务，是一种虚拟的共享资源。云计算是云平台服务的核心，是云平台提供的一种信息处理模式，能够对"共享"的、可配置的信息处理资源（包括服务器、操作系统、网络、存储设备等）提供无所不在、打破空间界限的信息处理服务。①

在云制造工业物联网中，工业企业被纳入运营者运作的服务云平台、管理云平台、传感云平台的理务范畴中并成为其对象。云制造工业物联网将工业制造与云计算相结合，能够使企业、政府、云平台运营商等各方参与者，共享生产、管理、服务的云制造信息资源，形成融智能制造设备、智能制造人员、智慧工厂、云平台及其运营者于一体的庞大工业生态系统。

云制造工业物联网突破了工业企业内部范围的限制，是工业企业内外部物联网的融合。云制造工业物联网以智能制造工业物联网和智慧工厂工业物联网为基础，内部可能包含多个智能制造工业物联网和智慧工厂工业物联网。云制造工业物联网是智能制造在一定地域或行业范围内的集约化呈现。

云制造工业物联网包括智慧工业园工业物联网、智慧工业区工业物联网及广域云制造工业物联网三类。其中，智慧工业园工业物联网与智慧工业区工业物联网为区域性云制造工业物联网，是工业企业聚集在一定范围之内建立的云制造工业物联网；广域云制造工业物联网是不受区域限制的云制造工业物联网。

智能制造工业物联网、智慧工厂工业物联网、云制造工业物联网之间的关系如图1-2所示。智能制造工业物联网是智慧工厂工业物联网的组成部分。智能制造工业物联网和智慧工厂工业物联网都可以接入云平台，形成云制造工业物联网。

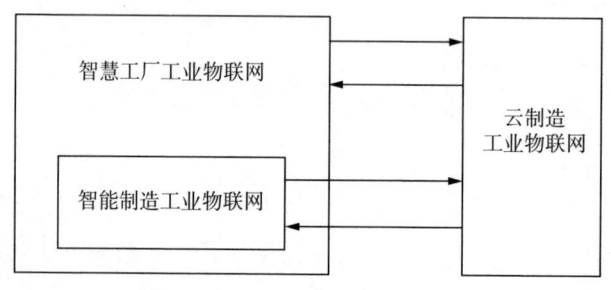

图1-2 三类工业物联网的关系示意

---

① 邵泽华.物联网与云平台.北京：中国人民大学出版社，2021.

Chapter 2
第二章

智能制造工业物联网体系

在工业物联网的 3 种类型之中，智能制造工业物联网是工业物联网的基本形态，是智慧工厂工业物联网与云制造工业物联网的基础。本章将从 3 个方面概述智能制造工业物联网体系：智能制造工业物联网结构、智能制造工业物联网类型、智能制造工业物联网组网过程。

第一节
智能制造工业物联网结构

智能制造工业物联网是物联网在工业制造智能化领域中的应用，按照三体系、五平台物联网结构组网。智能制造工业物联网的三体系为功能体系、信息体系、物理体系，五平台为用户平台、服务平台、管理平台、传感网络平台、感知控制平台（对象平台），其整体结构如图 2-1 所示。

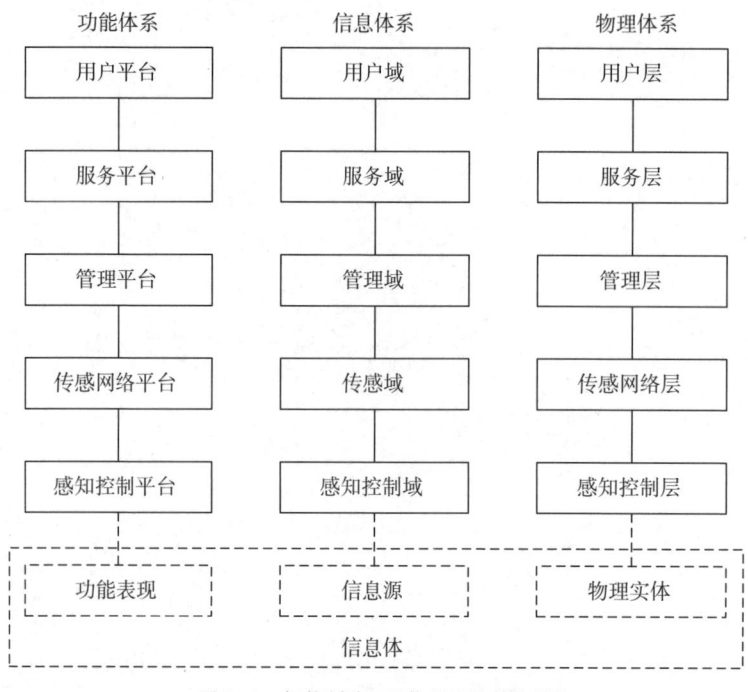

图 2-1　智能制造工业物联网的整体结构

智能制造工业物联网的功能体系，是该物联网中 5 个平台的各种功能的集合，每个平台具备不同的功能，各平台的功能相互协同，共同满足用户的生产制造需求。智能制造工业物联网的信息体系，是该物联网中的信息系统、信息类型与信息运行方式的集合，分为 5 个信息域，与 5 个平台相对应，每个信息域中运行不同类型的信息，这些信息在不同的信息系统内部与系统间运行，实现物联网各平台间的信息交互。智能制造工业物联网的物理体系，是该物联网中信息运行的物理载体的集合，信息在这些物理实体上的完整运行表现为物联网的功能。

智能制造工业物联网的五平台结构如图 2-2 所示。

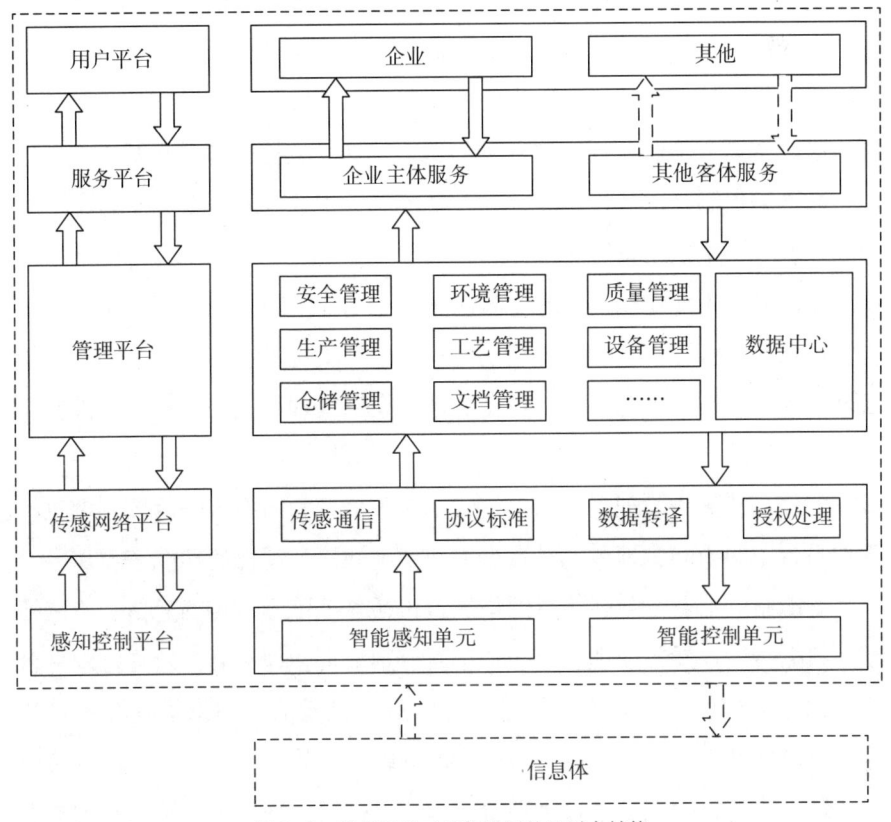

图 2-2　智能制造工业物联网的五平台结构

智能制造工业物联网用户平台包括企业用户和其他用户。企业用户是用户平台中的主体用户，以企业领导层为用户代表，主导整个物联网的运行，拥有物联网的所有权。其他用户是用户平台中的客体用户，包括政府、客户等，拥有物联网的部分知情权。其他用户在法律法规或企业的授权下获取物联网服务平台的服务以满足自身需求。物联网运行由企业这一主体用户主导，其他用户不对物联网进行控制，因此，本章仅涉及智能制造工业物联网用户平台中的企业用户。

智能制造工业物联网服务平台包括企业主体服务和其他客体服务。企业主体服务为用户平台的企业用户提供直接服务，其他客体服务为用户平台的其他用户提供直接服务。企业主体服务为生产运营服务，服务于企业用户的生产制造需求。其他客体服务分为法律法规授权服务（如政府对物联网运行的监管）与企业授权服务（如客户对物联网信息的获取）。企业用户通过企业主体服务控制物联网的运行，其他客体服务不涉及企业用户对物联网的控制，因此，本章仅涉及智能制造工业物联网服务平台中的企业主体服务（生产运营服务）。

智能制造工业物联网管理平台包括多个功能单元，对应管理平台的多种管理功能。管理平台中常见的功能单元包括安全管理、环境管理、质量管理、生产管理、工艺管理、设备管理、仓储管理、文档管理等，涉及企业生产制造的各个环节。管理平台的信息在数据中心内运行。数据中心将接收的信息转化为管理平台向上传输的服务信息和向下传输的控制信息。管理平台中的不同管理单元是数据中心中不同信息运行的功能表现。

智能制造工业物联网传感网络平台包括4个单元：传感通信、协议标准、数据转译、授权处理。这4个单元分别负责管理平台与感知控制平台之间信息通信的4个方面。传感通信负责信息通信的网络搭建与信息传输，协议标准负责信息通信中数据标准的统一，数据转译负责将信息转译为管理平台与感知控制平台可理解的形式，授权处理负责对接收到的数据进行基于用户授权的简单处理。

智能制造工业物联网感知控制平台包含智能感知单元与智能控制单

元。感知控制平台分别通过智能感知单元与智能控制单元感知和控制信息体，将原材料转化为产品。智能感知单元与智能控制单元组成智能制造设备和智能制造生产线。智能制造设备负责对某一节点生产制造的直接执行。智能制造生产线由智能制造设备组成，其中包含多个智能制造设备，多个智能制造设备进行分工协作，完成多个节点的生产制造。智能制造生产线为单生产线或多生产线，分别用于满足不同的生产制造需求。

第二节 智能制造工业物联网类型

智能制造工业物联网在"三体系、五平台"的框架下运行，分为不同的类型。根据物联网中各个物理实体之间的关系，智能制造工业物联网包含单体物联网、复合物联网、混合物联网 3 种类型。单体物联网是智能制造工业物联网的基本类型，复合物联网和混合物联网在单体物联网的基础上组建而成。

一、智能制造单体物联网

智能制造单体物联网是感知控制平台以单台独立设备满足用户生产制造需求的物联网，常用于智能制造中单台独立设备的制造和管理，其特征是该物联网所连接的一台独立设备便能够完成相应的生产制造任务。

智能制造单体物联网在用户生产制造需求的主导下组建。智能制造单体物联网呈现出五平台结构，如图 2-3

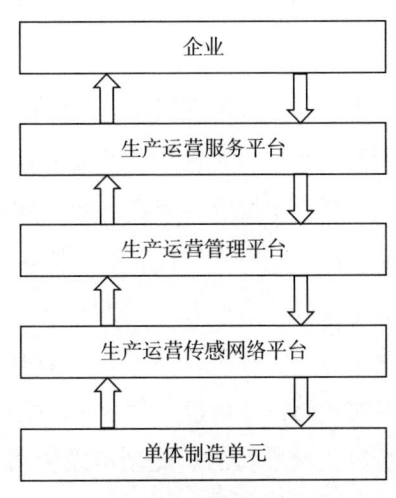

图 2-3 智能制造单体物联网五平台结构

所示。五平台上的物理实体因工业企业的实际情况可能存在一定差异，但各平台功能不存在本质上的区别。

智能制造单体物联网用户平台（企业）提出生产制造需求，控制物联网运行以满足需求。作为用户平台的企业是一个集合体，以企业领导层为代表，用户平台的需求即为企业整体的需求。用户平台基于生产制造需求，通过管理平台对感知控制平台进行间接感知和控制，使感知控制平台上传感知信息，执行用户平台下达的控制信息，完成产品的生产制造。

智能制造单体物联网服务平台（生产运营服务平台）为用户平台直接提供其所需的多项服务，如生产信息查询、生产指令发布、状态监控、产品追踪等。该平台能够便捷地响应用户平台的需求，实现用户平台与管理平台之间的流畅通信。

智能制造单体物联网管理平台（生产运营管理平台）包含智能制造管理实体与智能制造管理系统。具体的管理实体与管理系统的配置，会因为用户平台的需求与用户平台提供的资源的不同而存在差异。该平台作为生产制造的综合管理平台，能够实现对感知控制平台智能制造设备的系统性控制和管理，其管理内容包括对设备生产活动的组织、安排、调配，以及对设备本身的监测、维修、保养等。

智能制造单体物联网传感网络平台（生产运营传感网络平台）通常由传感通信、协议标准、数据转译等单元构成，能够接收感知控制平台和管理平台向其传输的信息，并在简单处理后进行信息的上传和下达，实现感知控制平台和管理平台之间的信息交互。

智能制造单体物联网感知控制平台（单体制造单元）实现了感知与控制功能的一体化，负责生产制造的最终落实。单台独立设备作为一个单体制造单元发挥作用。感知控制平台的设备是集成并融合感知、推理、执行、自主学习及自主维护等自组织、自适应功能的智能制造设备，如融合各类传感器的焊接、搬运、码垛等智能工业机器人，机械臂，智能吊挂系统等。该平台的智能制造设备用于执行各种生产制造指令，实施相应操作，以完成产品生产。

在智能制造单体物联网中，单台独立设备的生产制造活动通常分为成组加工单机和单机封闭两种形式：成组加工单机是利用成组技术进行生产的最简单的组织形式，即在一台设备上实施成组技术，适用于多工序零件的生产；单机封闭则是成组加工单机的特例，是指一组零件的全部工艺流程可以在一台设备上完成，适用于单工序零件的生产。

这里以单机封闭生产为例介绍智能制造单体物联网的运行。单机封闭形式所产出的产品通常工艺较为简单，因此在完成物联网的组建后，感知控制平台按照日常的排产计划便可进行生产，通过传感网络平台将生产情况相关信息上传到管理平台，此后管理平台对质量、效率、产量等生产信息进行分析，并通过服务平台上传需要告知用户平台的信息，完成感知控制平台到用户平台的一次完整的感知信息运行过程；相反，用户平台接收到感知信息后，如果认为单机封闭形式需要改进，希望质量、效率或工艺精度等有所提升，就可以发出控制指令，该指令经由服务平台、管理平台、传感网络平台到达感知控制平台，感知控制平台则按照上级各平台的控制指令开展单机封闭生产或进行相应的调整，完成用户平台到感知控制平台的一次完整的控制信息运行过程。用户平台与感知控制平台之间的感知信息和控制信息进行交互，形成完整的信息运行闭环。

二、智能制造复合物联网

当智能制造单体物联网无法满足生产制造需求时，用户可以组建智能制造复合物联网。智能制造复合物联网是指感知控制平台以多台独立设备满足用户生产制造需求的物联网。复合物联网的特征是5个平台中有1~4个平台（通常为感知控制平台）是由2个或2个以上分平台组成的。智能制造复合物联网是用户为了同时控制多台独立设备、管理单条或多条生产线（生产线是以特定生产流程进行协作生产的2台及以上独立设备的组合）而组建的物联网。

智能制造工业物联网中的复合物联网比单体物联网结构更为复杂，功能也更为多样。根据物联网所覆盖的生产线数量，智能制造复合物联网可分为单生产线复合物联网和多生产线复合物联网，分别覆盖单条的生产线与 2 条及以上的生产线。

单生产线复合物联网是感知控制平台以单条生产线满足用户生产制造需求的物联网，在智能制造单体物联网的基础上组合形成，其五平台整体结构与智能制造单体物联网一致，其与智能制造单体物联网的结构差异主要在感知控制平台内部，如图 2-4 所示。

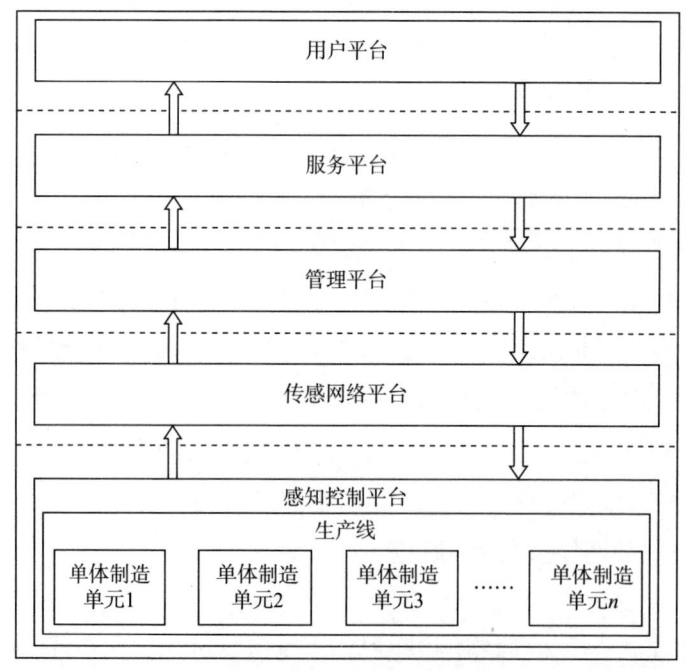

图 2-4　单生产线复合物联网

在智能制造单体物联网中，单台独立的智能制造设备作为感知控制平台这一整体参与物联网组网，其通常负责制造执行的某一环节，功能较为单一。在智能制造单体物联网的运行过程中，智能制造设备直接与传感网络平台相连接，与其他平台进行直接的信息交互。在单生产线复合物联网中，单台独立的智能制造设备作为感知控制平台的一部分参与物联网组网。此时,感知控制平台为智能制造的生产线,生产线包含两台及以上独立智能制造设备。生产线内的独立智能制造设备对制造执行进行分工协作,通过生产线的运转实现更为复杂的生产制造功能。在单生产线复合物联网的运行过程中,智能制造设备直接与生产线系统相连接,再通过生产线系统与传感网络平台间接连接,与其他平台进行间接的信息交互。

多生产线复合物联网是感知控制平台以两条及以上生产线满足用户生产制造需求的物联网,在单生产线复合物联网的基础上组合形成,其五平台整体结构与智能制造单体物联网一致,与智能制造单体物联网、单生产线复合物联网的结构差异主要在感知控制平台内部,如图2-5所示。

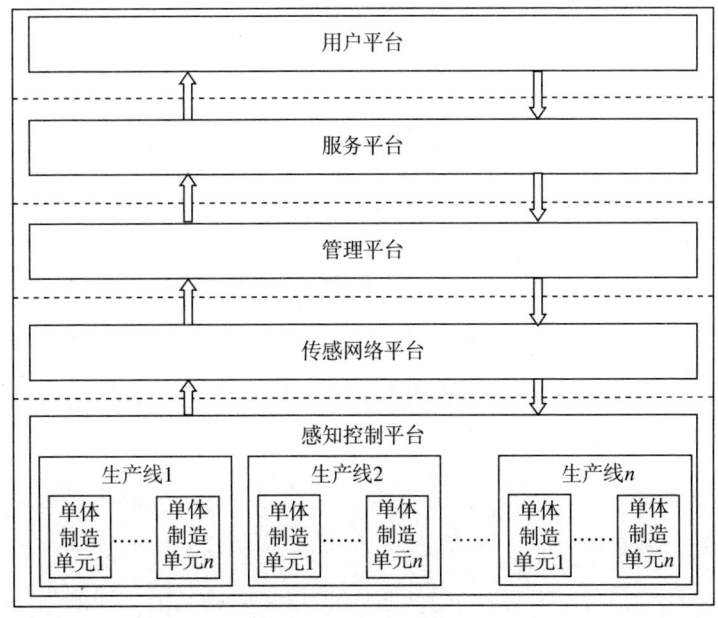

图2-5　多生产线复合物联网

相较于单生产线复合物联网,多生产线复合物联网感知控制平台的内部结构更为复杂。单生产线复合物联网感知控制平台上只存在单条智能制造生产线,而多生产线复合物联网感知控制平台上存在两条及以上的智能制造生产线。在多生产线复合物联网中,单条智能制造生产线作为感知控制平台的一部分参与物联网组网，而智能制造生产线又包含多台独立智能制造设备。此时，感知控制平台这一整体为多条智能制造生产线的集合，这一集合内包含更多的独立智能制造设备。多条生产线对制造执行进行分工协作，每条生产线内的独立智能制造设备再进行二次分工，通过多条生产线的协同运转实现更为复杂的生产制造功能。在多生产线复合物联网的运行过程中，智能制造设备直接与其所在生产线的系统相连接，单生产线系统再通过生产线集合系统与传感网络平台间接连接，智能制造设备与其他平台进行多级通信下间接信息交互。

三、智能制造混合物联网

智能制造混合物联网是通过分级管理满足企业生产制造需求的多级物联网。在智能制造混合物联网中，用户对特定平台进行授权，使其可在授权范围内代用户控制其下级平台。用户与特定平台之间组成一级网，特定平台与其下级平台之间组成二级网，此时该特定平台为二级网用户平台，在用户授权下，二级网还可继续下分为三级网、四级网等，共同构成智能制造混合物联网体系。混合物联网的特征是由两个及以上单体物联网或复合物联网组合而成，有物理实体同时处于这些物联网中的至少两个不同平台上。

智能制造混合物联网与工业企业内部的分级管理机制相匹配。以管理实体为例，根据智能制造管理实体在不同层级物联网中所处平台的变化情况，该混合物联网可以是一个两级物联网或多级物联网。智能制造混合物联网对应企业生产制造的分层式组织结构和作业模式。与智能制造单体物联网和复合物联网不同，智能制造混合物联网中的智能制造设备或生产线并不局限于感知控制平台，其可能在另一层级的物联网中作为其他平台。

智能制造混合物联网的结构（以两级物联网为例）如图2-6所示。在两级物联网中，管理平台的管理内容可分为生产运营管理和生产线管理。前者负责对企业整体的生产运营进行管理，后者负责对单条或多条生产线的生产进行管理。在一级网中,生产运营管理作为管理平台,生产线管理作为感知控制平台。在二级网中,生产运营管理作为用户平台,生产线管理作为管理平台,设备或生产线作为感知控制平台。生产运营管理和生产线管理是管理平台在不同情况下管理平台功能的具体体现,都具备完整的功能单元,都与数据中心相连接。

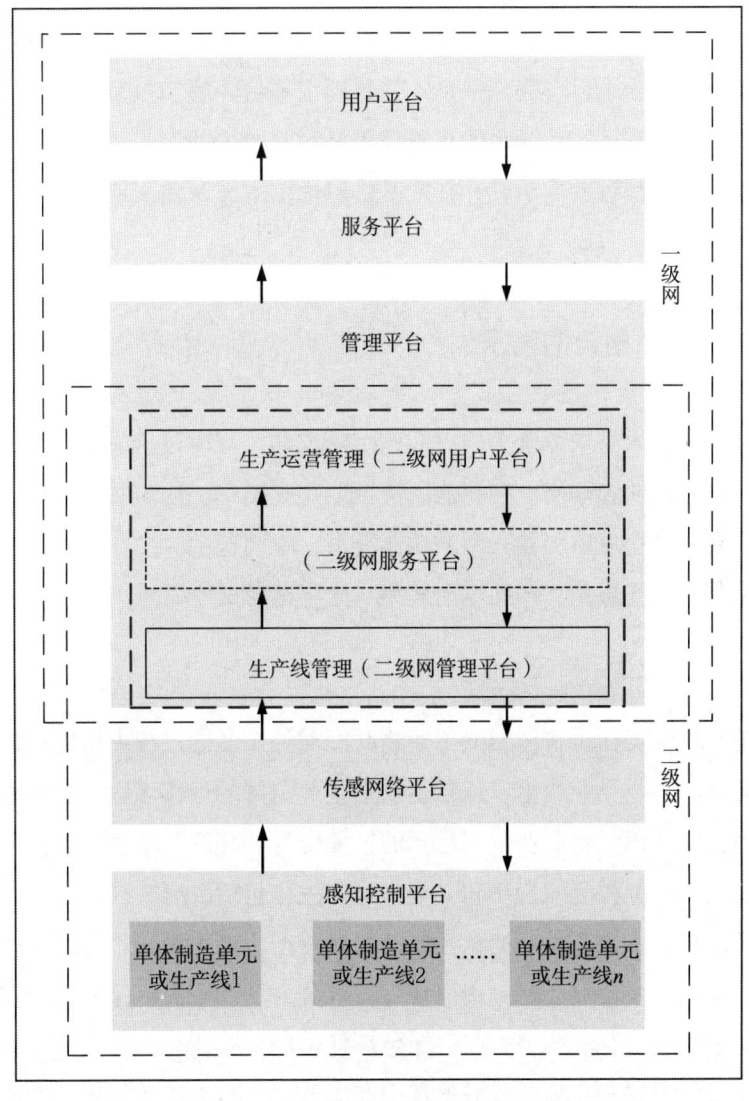

图 2-6　智能制造混合物联网的结构

第三节
智能制造工业物联网组网过程

智能制造工业物联网组网过程是基于用户的生产制造需求组建物联网的过程。用户的生产制造需求是物联网中的主导性需求，主导物联网的组建和运行。服务平台、管理平台、传感网络平台、感知控制平台通过参与物联网的组建和运行而满足的自身需求是物联网中的参与性需求。本节将着重分析用户平台的需求，并在此基础上说明智能制造工业物联网的组网过程。

一、用户平台的需求

用户平台的需求复杂多样，在满足需求的过程中可形成无数个功能不同但结构一致的物联网。在智能制造工业物联网中，用户平台的生产制造需求是用户对信息体与物联网的功能需求，主要包括4个方面：企业社会责任、产品生产质量、产品生产效率、生产运营成本。

（一）企业社会责任

企业社会责任是智能制造工业物联网对外交互的过程中所应承担的责任和义务。工业企业的生产运营不仅是企业内部的运作流程，还是企业与外界的交互过程。企业在生产运营的过程中与外部的其他主体产生联系，对这些主体承担相应的责任和义务。这些主体包括政府、社会公众、自然环境等，对此，企业承担的责任包括法律责任、道德责任、持续发展责任等。承担企业社会责任这一用户平台需求分为4个方面：保障生产安全、保护职业健康、合法合规生产、绿色环保生产。

保障生产安全是指企业需要在生产运营中，对事故实行相应的预防和控制，避免事故造成的人员伤害、财产损失与环境破坏，以保证生产运营活动得以顺利进行。保护职业健康是指企业需要对工作场所内产生或存在的职业性有害因素及其健康损害进行识别、评估、预测和控制，进而预防危害和保护劳动者，保障劳动者在职业活动中的身心健康和社会福利。合法合规生产是指企业需要自觉按照政府有关法律法规的规定，进行生产运营活动，承担政府规定的其他责任和义务，并接受政府的监督和依法干预。绿色环保生产是指企业需要以节能、降耗、减污为目标，实施生产运营全过程污染控制，最大限度地降低污染物的产生量，切实保护生态环境。

（二）产品生产质量

产品生产质量体现为智能制造工业物联网在产品生产过程中的运行质量。产品的最终产出是研发设计与生产制造相结合的结果。生产质量是物联网对产品理论设计的实现水平。

在生产制造过程中，产品生产质量需求主要包括两个方面：制造执行质量和质量管理水平。制造执行质量涉及诸多方面，比如生产节点的控制、原材料的质量把控、工艺路线的执行、生产设备的运行等，需要生产制造全流程中各个环节的有效协同。质量管理水平也涉及诸多方面，比如仓储管理、物流管理、生产过程管理、产品质检质控等，同样需要多环节的通力协作。制造执行质量和质量管理水平分别从不同方面合力保障产品生产质量，制造执行质量侧重于对生产质量的控制，质量管理水平侧重于对最终产品质量的控制。

（三）产品生产效率

产品生产效率体现为智能制造工业物联网在产品生产过程中的运行效率。产品生产效率需求主要包括两个方面：产品制造效率和生产管理效率。产品制造效率涉及诸多方面，比如工艺路线的改进、技术水平的提升、生产设备的智能化等。智能制造在自动化替代人工的基础上，实现智能化对自动化的升级。智能化与自动化并不互斥，智能化在自动化的基础上实现更为复杂的功能。生产管理效率也涉及诸多方面，比如工作流程的优化、生产计划的调度、管理制度的完善等。生产过程是执行与管理两个要素的结合，产品制造效率和生产管理效率协同发挥作用，分别侧重于执行者的运作效率和管理者的工作效率，从整体上保障产品生产效率。

（四）生产运营成本

生产运营成本是智能制造工业物联网在组网和运行过程中的资源投入。工业企业的生产运营即为将资源转化为产品产出的过程，用户平台在追求产品产出最大化的同时，也在追求资源投入的最小化。资源投入的最小化是用户平台的生产运营成本需求。工业企业通常持有大量重资产，其智能制造工业物联网的组网需要大量前期的技术和设备投入，组网过程中的生产运营成本较高，用户平台需要控制物联网组网过程中的生产运营成本。同时，用户平台还需要在物联网运行过程中控制生产运营成本。

物联网运行过程中生产运营成本的控制，由前面所提到的产品生产质量、产品生产效率的保障共同促成。产品生产质量的保障代表产品合格率与返工率的可控，是通过控制资源利用率来控制生产运营成本。产品生产效率的保障代表相同的投入能够转化为更多的产出，相同的产出仅需要更少的投入，也是通过控制资源利用率控制生产运营成本。制造水平和管理水平的保障，可以有效控制企业生产运营中的原材料成本和人力成本。制造工艺的可控能够保障原材料利用率。物料管理的可控能够控制原材料获取成本。制造设备的智能化能够用机器替代人工，控制生产执行的人工成本。管理流程与人员的精简，能够控制生产管理的人工成本。

二、智能制造工业物联网组网

用户平台在产品生产质量、产品生产效率、生产运营成本、企业社会责任4个方面的生产制造需求是智能制造工业物联网的主导性需求，主导智能制造工业物联网的组建。企业是智能制造工业物联网的用户平台，基于企业用户平台的上述需求，智能制造工业物联网开始组网，其组网过程如图 2-7 所示。

用户平台基于自身需求和所有资源，通过服务平台确定管理平台，并授权管理平台进行以满足用户平台需求为目的组网活动。服务平台是用户平台与管理平台之间的服务通信通道，能够实现二者之间的信息互通并直接服务于用户。用户平台提供的资源和物联网运行产生的资源能够满足服务平台和管理平台的参与性需求。

管理平台确定感知控制平台并推动各平台间的连接。管理平台理解用户平台的需求后，对满足这些需求所

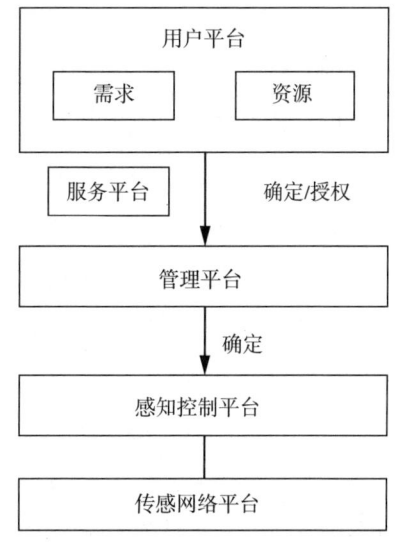

图 2-7 智能制造工业物联网组网过程

需的智能设施设备应具有的特性进行分析，基于分析的结果，确定合适的感知控制平台。感知控制平台参与智能制造工业物联网组网以满足用户平台的生产制造需求和自身的参与性需求。

管理平台基于用户平台的需求，在自身与感知控制平台之间建立传感网络平台，实现与感知控制平台的信息互通。传感网络平台参与智能制造工业物联网组网以满足用户平台的生产制造需求和自身的参与性需求。

管理平台根据用户平台的授权，在用户平台需求的主导下，在各平台间搭建通信通道，将 5 个平台按照物联网的结构相连接，完成智能制造工业物联网组网。

智能制造工业物联网的组网和运行能够实现企业生产运营的技术标准化和管理标准化，满足用户平台的需求。

技术标准化包括工艺标准化、设备标准化、技术数据标准化。工艺是将各种原材料、在制品加工或处理为成品的方法与过程。工艺标准化包括工艺设计标准化和工艺执行标准化。工艺设计标准化是指运用标准化的方

式对产品制造的工艺过程、操作方法及加工的工艺要求等进行统一设计，形成标准化的工艺文件。工艺执行标准化是指基于统一的工艺设计进行生产制造，生产制造的各个环节严格按照工艺文件的要求执行完成。设备是对各种原材料、在制品进行加工或处理的机器设备。设备标准化是将差异化、彼此独立的半自动或自动化设备统一为基于标准体系组装、运行、连接、管理的智能化设备。智能化设备在自动化的基础上具备自主感知、自主判断和自主执行等功能，能够智能地执行生产制造指令。技术数据标准化是指将生产运营过程中的技术数据按照一定的规范进行转译处理和传输，实现技术数据的数据格式和传输方式的统一，使技术数据能够在物联网中有序、高效运行，且能够被各个平台有效理解。

管理标准化主要体现在3个方面：管理制度标准化、管理流程标准化和管理数据标准化。管理制度标准化将生产运营中各岗位的职务规范、各环节操作规范、各模块的交互规范等汇编为统一的生产运营管理制度，形成由事前控制、过程控制、事后控制3种规范形式组成的总体控制规范，为管理工作提供制度保障，进而从总体上控制生产运营的动态运行，确保生产运营目标与企业需求保持一致。管理流程标准化是指将生产运营中的各个管理事项按照一定的次序汇总为统一的生产运营管理流程，构建覆盖生产运营全流程的管理体系，将分散化和碎片化的流程管理转化为以系统内部定位为基础，以系统功能实现为目标的体系化流程管理，以实现生产运营管理全流程的可追溯与可迭代。管理数据标准化是指将生产运营过程中的管理数据按照一定的规范进行转译处理和传输，实现管理数据的数据格式和传输方式的统一，使技术数据能够在物联网中有序、高效运行，且能够被各个平台有效理解。

技术标准化与管理标准化协同保障生产运营中感知控制平台和管理平台的工作质量，保障用户平台的决策效率，保障整个智能制造工业物联网的体系质量与运行效率。

Chapter 3
第三章

智能制造工业
物联网用户平台

智能制造工业物联网是工业物联网的基本形态。用户平台主导智能制造工业物联网的运行，使其他平台为自身提供服务，以满足自身的生产制造需求。本章将在智能制造工业物联网整体框架下，从用户平台的功能体系、信息体系、物理体系3个角度，阐述用户平台的功能表现、信息运行、物理实体形式。

第一节 用户平台的功能体系

在智能制造工业物联网中，用户平台为满足自身的需求，需要让特定对象为其提供服务以实现感知和控制的功能。用户平台通过发挥自身功能，使物联网的运行能够满足自身需求。用户平台的功能包括4种类型：提供资源、授权运行、主导运行、接受服务。四者共同构成了用户平台的功能体系，如图3-1所示。

一、提供资源

用户平台通过提供其他功能平台及整个物联网所需的资源，主导智能制造工业物联网的组建和运行。通过资源的获取和利用，其他平台可以通过满足用户平台的主导性需求满足自身的参与性需求。智能制造工业物联网组网和运行是资源与需求的双向整合。

用户平台提供的资源分为物联网组网所需的资源和物联网运行所

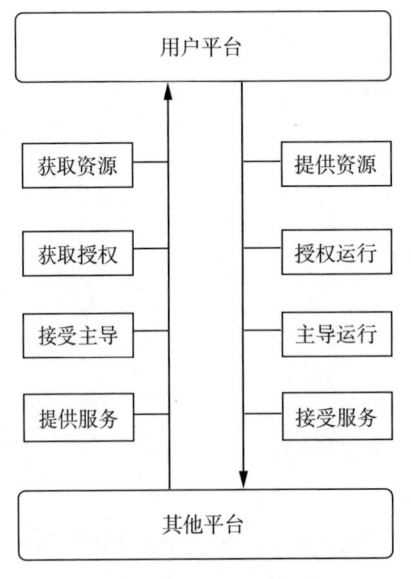

图 3-1 用户平台的功能体系

需的资源。

智能制造工业物联网在组网过程中建立生产制造的实施和管理体系。这一体系需要物理实体的支撑，用户平台提供相应的组网资源。服务平台、管理平台、传感网络平台、感知控制平台参与组网获取自身所需的资源，用户平台根据其他各平台的需求提供相应的资源，使 5 个平台连接为完整的物联网。

智能制造工业物联网在运行过程中完成生产制造活动。生产制造活动的完成需要物理实体的支撑，用户平台提供相应的物理实体资源。服务平台、管理平台、传感网络平台、感知控制平台在物联网中的运行需要消耗一定的资源，用户平台提供相应的资源，使其他平台能够顺利运行。

二、授权运行

智能制造工业物联网在用户平台的主导下组建和运行，物联网中资源使用和信息处理权限的所有者为用户平台，其他平台本身并不具备使用资源和处理信息的权限。为了使其他平台能够有效开展工作，用户平台将物联网中资源的使用权与信息的收集权、存储权、加工权等授予其他平台，这一过程被称为"用户授权"。用户授权可分为两类：默认授权和规则授权。

（一）默认授权

默认授权是指其他平台参与组网时因其基本属性而默认获得的用户授权。在智能制造工业物联网的组网过程中，其他平台体现出的基本属性包括两个方面：平台功能属性和专业能力属性，其他平台可因这两方面的属性而获得可能存在差异的用户授权。这一授权获得方式是默认的，即其他平台参与组网时默认获得相应的用户授权，无须规则的授权确认。

平台功能属性即其他平台作为智能制造工业物联网的一部分而具备的基本功能。服务平台的平台功能属性为服务通信，管理平台的平台功能属性为统一管理，传感网络平台的平台功能属性为传感通信，感知控制平台的平台功能属性为感知控制。上述各平台因其平台功能属性而分别获得进行服务信息、管理信息、传感信息、对象信息处理的用户授权，以及使用相应资源实现自身功能的用户授权。

专业能力属性即其他平台与其具体工作相对应的专业性能力。专业能力属性通常作为平台功能属性的内部区分，是平台功能属性范围内的能力细化。各平台内部通常可划分为不同的功能单元，不同的功能单元对应不同的专业能力属性。以管理平台为例，其具有安全管理、质量管理、生产管理等专业能力属性，管理平台因这些属性而获得了安全信息、质量信息、生产信息处理的用户授权。

在其他平台因其平台功能属性和专业能力属性而获得的用户授权中，存在对特定感知信息直接下达特定控制信息的授权。此类授权通常对应仅依据常识（自然规则）即可处理的信息，比如对信息准确性的常识性判断、对信息时效性的对照式分析等。此类感知信息无须上传至用户平台，获得用户授权的相应平台可自行在授权范围内对此类感知信息进行处理，将其转化为控制信息下达至下级平台。

默认授权是用户平台的主要功能之一，用户平台通过默认授权主导智能制造工业物联网的组建和运行。用户平台的需求复杂多样，在满足其需求的过程中可能会组建多个功能有别但结构统一的智能制造工业物联网。在这些不同的智能制造工业物联网中，各平台可能因其不同的平台功能属性和专业能力属性而获得不同的默认授权，从不同的方面为用户平台提供相应服务，以满足用户平台的需求。

（二）规则授权

规则授权是用户平台制定物联网授权规则后，其他平台通过授权规则获得的用户授权。智能制造工业物联网的授权活动遵循一定的授权规则，该规则由物联网用户平台制定，基于该规则，其他平台可以获得在规则范围内使用相应资源与处理相应信息的用户授权。

在智能制造工业物联网中，资源和信息的所有权归于用户平台，物联网中信息的运行也由用户平台主导，以满足用户平台需求为目标。物联网中信息的运行主要体现在信息的收集、存储、使用、运转等方面，用户平台具有选择信息的收集方式、存储方式、使用方式、传输方式等权限，用户平台将这些权限授予管理平台，管理平台在授权范围内确定信息的运行方式，制定物联网的运行细则。物联网运行细则的制定以各平台功能的完整实现、物联网运行效率的有效保障为原则，需要最大程度上满足用户平台的需求。

用户平台制定的授权规则分为两类：制度和指令。

制度是用户平台对智能制造工业物联网中资源使用方式和信息处理方式的体系化规范。制度具有相对稳定性。整体层面而言，制度确立了物联网中各平台的权责范围，其他平台可在制度许可的范围内行使相应的资源使用权和信息处理权；细节层面而言，制度明确了物联网中各平台内部功能单元的权责划分，各平台的各功能单元可能会获得不同的用户授权。

指令是用户平台对智能制造工业物联网中资源使用方式和信息处理方式的直接指示。指令是即时性的。指令在制度范围内对其他平台对特定资源的使用和特定信息的处理进行规范。在指令规定的范围内，其他平台获得了使用特定资源和对特定信息进行特定方式处理的权限，即基于指令的规则授权。用户平台发出的指令通常涉及范围较广，其在物联网内层层下达的过程中，往往会被分解为更为细化的指令，指向更为具体的事项。指令层层分解下达是用户平台通过指令对其他平台进行直接或间接授权的过程。以管理平台为例，通过指令分解，感知控制平台获得的授权可能直接来自管理平台，但其本质上来自用户平台，用户平台授予了管理平台在一定范围内向感知控制平台代为进行特定授权的权限。基于指令的这种间接授权需要在制度规定的范围内进行。

在基于规则的用户授权中，同样包括对特定感知信息直接下达特定控制信息的授权。此类授权通常是针对那些仅依据用户平台制定的规则就可以处理的信息。此类信息通常是处理流程较为固定的信息，且用户平台无须与其进行直接交互。用户平台在规则中对此类信息予以明确，将自行处理此类信息的权限授予其他平台。这一部分感知信息由其他平台自行处理转化为控制信息，下达至下级平台，整个过程无须上传至用户平台。

三、主导运行

主导运行是指用户平台在掌握物联网整体状态的基础上，通过对其他平台的默认授权和规则授权，让其他平台接受用户平台的主导，使物联网基于用户平台需求运行。其他平台在参与组网时就已默认接受物联网规则的管理，以满足用户平台的主导性需求和其他平台的参与性需求。

以授权规则为工具，以服务信息为参考，以控制信息为指引，用户平台可以主导智能制造工业物联网的整体运行。以授权规则为工具，用户平台可实现对其他各平台资源使用和信息处理的掌控：以是否符合授权规则为标准，其他各平台资源使用和信息处理受到规范和约束。以服务信息为参考，用户平台可实现对其他各平台功能实现效果的感知：以是否满足用户平台需求为标准，其他各平台可以保障自身的工作能力。以控制信息为指引，用户平台可实现对其他各平台阶段工作计划的控制：以是否符合用户平台导向为标准，其他各平台可以明确自身的工作目标。在用户平台的主导之下，物联网有序运行，各平台发挥其功能，使物联网的整体运行效率得到保障，各方需求得到满足。

四、接受服务

提供资源、授权运行、主导运行是用户平台为智能制造工业物联网的运行提供的支持。接受服务是用户平台提供支持后获取服务以满足自身需求的过程。智能制造工业物联网在运行的过程中实现相应的功能，完成产品的生产制造，满足用户平台的需求。物联网的运行即其他平台为用户平台提供服务以满足用户平台需求的过程。服务平台、管理平台、传感网络平台、感知控制平台发挥自身的功能，为用户平台提供不同的服务，所有服务通过物联网的运行向上传达至用户平台。

当服务到达用户平台后，用户平台接受服务，以满足自身的生产制造需求。接受服务包括两个环节：服务确认和服务反馈。服务确认是用户平台确认接受服务的过程。用户平台可以选择是否接受其他平台的服务。当服务效果能够满足自身需求时，用户平台可选择接受服务，完成服务确认。服务反馈是用户平台评价已接受服务的质量的过程。用户平台接受的服务可能会呈现出不同的效果，对用户平台需求的满足产生不同的影响。用户平台基于自身需求的满足情况评价服务的质量，并将评价结果反馈至其他平台，其他平台根据评价结果调整自身的服务，以实现最佳的服务效果。

第二节
用户平台的信息体系

在智能制造工业物联网中，用户平台实现其功能需要信息和物理实体两大要素。用户平台的顺利运转需要相关信息在物理实体支持下的有效运行。用户平台信息在用户平台物理实体上的运行就表现为用户平台的功能。用户平台的信息及其运行构成了用户平台的信息体系。用户平台的信息可分为感知信息和控制信息，信息以不同方式运行，信息的运行框架呈现为信息系统。用户平台的信息体系包括三方面的内容：信息系统、信息类型、信息运行。

一、信息系统

在智能制造工业物联网中，用户平台的信息系统为智能制造用户控制系统，其结构如图 3-2 所示。智能制造用户控制系统基于用户平台需求而构建，是用户平台信息运行的框架。智能制造用户控制系统是信息运行闭环的集合，不从事某一具体的实务性工作，其主要负责物联网全局的协调一致。智能制造用户控制系统对其他平台的信息系统发挥主导性作用。智能制造用户控制系统能够满足用户平台对物联网进行感知和控制的需求，是物联网内其他信息系统协调运行的基础。

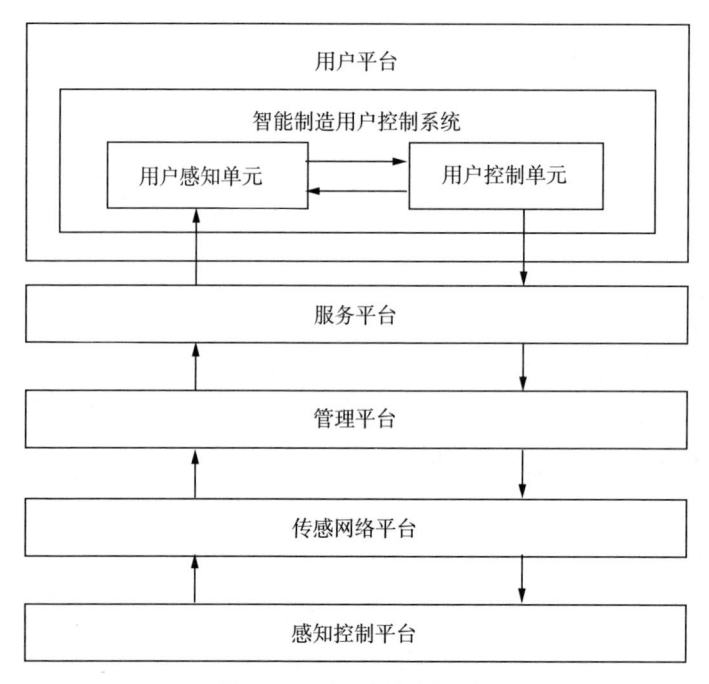

图 3-2 用户平台的信息系统

智能制造用户控制系统内部包含两个单元：用户感知单元和用户控制单元。用户感知单元负责用户平台所需的感知信息的传输与呈现，通过感知信息通信通道与服务平台的信息系统相连接。用户控制单元负责用户平台生成的控制信息的处理与下达，通过控制信息通信通道与服务平台的信息系统相连接。用户平台在接收感知信息的基础上，基于感知信息对物联网整体运行状况做出判断，形成相应的决策，对其他平台下达控制信息，并同时对其他平台以控制信息的形式进行授权，使其他平台能够完整地执行控制信息，以实现对其他平台及整个物联网的运行控制。信息通常按照从用户感知单元到用户控制单元的路径运行，两个单元的高效协同保障了智能制造用户控制系统的稳定运转。

二、信息类型

用户平台的信息运行对物联网的信息运行起主导性作用，用户平台上运行的信息统称为用户信息。根据传输方向与功能的差异，用户信息可分为用户感知信息和用户控制信息，分别用于用户平台对物联网的感知和控制。

（一）用户感知信息

用户感知信息是用户平台基于自身的感知需求，将服务平台上传的感知信息进行转化后生成的信息。用户感知信息直接来源于服务平台上传的感知信息，而服务平台上传的感知信息的直接来源为管理平台上传的感知信息，最终来源为感知控制平台生成的感知信息。用户感知信息通常与感知控制平台的感知信息存在较大差异，其原因为用户感知信息与用户平台感知需求匹配，而用户平台感知需求与感知控制平台感知需求存在较大差异，用户感知信息经过了管理平台的处理与服务平台的再处理。用户平台需要对智能制造工业物联网整体运行情况进行感知，控制全局。感知控制平台则需要对智能制造工业物联网特定事项进行感知，关注细节。用户感知信息是清晰、精简、抽象的，简单明确地概述了物联网的整体运行情况和各平台的状态，区别于感知控制平台感知信息琐碎与繁杂的特征。

在智能制造工业物联网中，用户感知信息以生产制造整体情况的感知信息为主，比如生产全流程、设备及其自动化、产品质量等方面的用户感知信息。生产全流程用户感知信息的具体内容包括整体生产计划完成情况、生产资源配置情况、生产各环节协调情况等。设备及其自动化用户感知信息的具体内容包括设备资产信息、设备自动化水平、设备利用率等。

产品质量用户感知信息的具体内容包括产品质量合格率和质管质控计划完成情况等。上述信息能够帮助用户平台了解智能制造工业物联网的整体运行情况。

（二）用户控制信息

用户控制信息是用户平台基于自身的控制需求，对用户感知信息进行判断决策后生成的信息。用户平台发出控制信息，控制信息涉及用户的决策内容、授权内容和具体指令。用户平台通过控制信息实现对其他平台的控制，获取其他平台的服务，以满足自身需求。用户控制信息在用户平台生成，从用户平台发出，经由服务平台下达至管理平台，再经由传感网络平台下达至感知控制平台，感知控制平台对接收到的控制信息予以执行。管理平台和感知控制平台接收到的控制信息可能与用户控制信息存在差异，其中感知控制平台接收到的控制信息与用户控制信息的差异通常较为明显。用户控制信息与用户平台的控制需求匹配，同时用户平台的控制需求与其他平台的控制需求存在差异。用户平台需要对智能制造工业物联网进行全局控制，其他平台则需要对智能制造工业物联网中的特定事项进行控制。由于管理平台和感知控制平台不一定能够有效理解用户控制信息，在用户平台与感知控制平台之间，逐级下达的控制信息通常经过了中间平台的多层处理，被转化为了方便各平台理解和执行的控制信息。用户控制信息是抽象性的和全局性的，侧重对物联网整体运行的掌控，区别于感知控制平台控制信息的具体性和局部性。

在智能制造工业物联网中，用户控制信息以生产制造全局统筹的控制信息为主，比如生产全流程、设备及其自动化、产品质量等方面的用户控制信息。生产全流程用户控制信息的具体内容包括整体生产计划及其实施指令、生产资源配置方案、生产各环节协调方案等。设备及其自动化用户控制信息的具体内容包括设备运行指令、自动化执行指令、全局协同指令等。产品质量用户控制信息的具体内容包括质管质控计划及其实施指令、产品质量执行标准等。上述信息能够帮助用户平台对智能制造工业物联网进行控制。

三、信息运行

用户平台的用户感知信息和用户控制信息以智能制造用户控制系统为框架，以用户平台物理实体为载体，在智能制造工业物联网中运行。用户平台的信息运行呈现出两种状态：用户平台控制的信息运行大闭环、用户平台信息运行内闭环。

（一）用户平台控制的信息运行大闭环

在智能制造工业物联网中，感知信息和控制信息的运行路径分别在感知控制平台和用户平台首尾相接，形成"信息运行大闭环"，如图 3-3 所示。物联网由用户平台主导，"信息运行大闭环"又被称为"用户平台控制的信息运行大闭环"，是其他平台为用户平台提供服务的一种最基本和最完整的信息运行方式。服务平台、管理平台、传感网络平台、感知控制平台作为其参与者接受用户平台的控制。

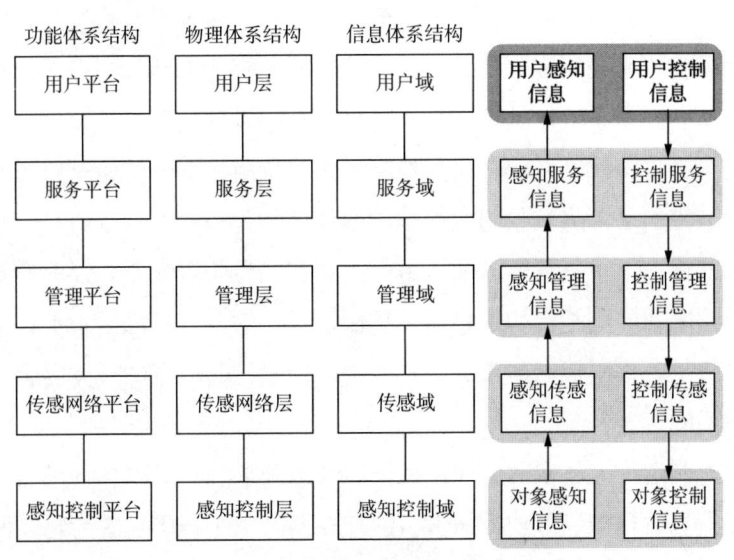

图 3-3 用户平台控制的信息运行大闭环

用户平台控制信息运行大闭环以满足自身需求。用户平台对信息运行大闭环的主导主要体现在两个方面：主导从感知控制平台到用户平台的信息向上传输；主导从用户平台到感知控制平台的信息向下传输。

在用户平台的主导下，从感知控制平台到用户平台的信息向上传输属于信息运行大闭环中的感知信息运行部分。根据用户平台的需求，感知控制平台对信息体进行感知，生成对象感知信息，对象感知信息经传感网络平台转化为感知传感信息并向上传输至管理平台。管理平台对接收到的感知信息进行处理，生成感知管理信息。管理平台将感知管理信息向上传输至服务平台。服务平台将接收到的感知管理信息转化为感知服务信息，并向上传输至用户平台。用户平台对接收到的感知服务信息进行解读，将感知服务信息转化为用户感知信息。以上即是从感知控制平台到用户平台的信息向上传输过程。这一过程由用户平台主导。基于用户平台对感知信息的不同需求，该过程中所传输感知信息的具体内容和通信方式并不固定。

在用户平台的主导下，从用户平台到感知控制平台的信息向下传输属于信息运行大闭环中的控制信息运行部分。用户在综合多方情况、融合各方信息后进行最终决策，将用户感知信息转化为用户控制信息。用户控制信息在用户平台处生成，向下传输至服务平台。服务平台将接收到的用户控制信息转化为控制服务信息，并向下传输至管理平台。管理平台对接收到的控制服务信息进行处理，将其转化为控制管理信息。管理平台将控制管理信息经传感网络平台转化为控制传感信息后，向下传输至感知控制平台。感知控制平台将接收到的控制传感信息转化为对象控制信息，并予以执行，最终作用于信息体，使信息体的状态发生相应改变。以上即是从用户平台到感知控制平台的信息向下传输过程。这一过程由用户平台主导。基于用户平台不同控制需求，该过程中所传输控制信息的具体内容与通信方式并不固定。

智能制造工业物联网的应用可能涉及多项事务，面临各种情况，用户平台对信息运行控制方式的需求可能存在差异。用户平台主导物联网信息运行，但并不一定直接参与信息运行闭环之中。感知信息并非全部上传至用户平台，控制信息并非全部由用户平台直接发出。用户平台的部分工作可以交由其他平台完成。在特定情形下，服务平台、管理平台、传感网络平台、感知控制平台都可以作为端点，在自身平台处将感知信息直接转化为控制信息，并继续完成传输，形成"信息运行小闭环"，只包括4个、3个、2个乃至1个平台。在信息运行小闭环中，其他平台代替用户平台的部分工作需要用户平台的授权。

用户平台授权给其他不同平台，可以形成不同的"小闭环"。服务平台得到用户平台授权，将感知服务信息直接转化为控制服务信息，可形成服务平台、管理平台、传感网络平台和感知控制平台直接参与的"服务平台控制的信息运行小闭环"。管理平台得到用户平台授权，将感知管理信息直接转化为控制管理信息，可形成管理平台、传感网络平台和感知控制平台直接参与的"管理平台控制的信息运行小闭环"。传感网络平台得到用户平台授权，将感知传感信息直接转化为控制传感信息，可形成传感网络平台和感知控制平台直接参与的"传感网络平台控制的信息运行小闭环"。感知控制平台得到用户平台授权，将对象感知信息直接转化为对象控制信息，可形成感知控制平台直接参与的"感知控制平台控制的信息运行小闭环"。

信息运行小闭环方式是信息运行大闭环方式的特殊实现形式，同样以用户平台需求为导向，其内在逻辑与信息运行大闭环方式一致。

在用户平台授权的各类信息运行小闭环中，感知信息在感知控制平台处生成并向上传输，到达得到授权的平台。此时，得到授权的平台基于实际情况、职责范围和自身能力，在用户制定的规则下，判断是否需要将感知信息上传至上级平台（用户平台）进行决策：对于必须由上级平台进行决策的信息，被授权平台需要将其在不进行过度处理的情况下继续向上传输，这时信息运行小闭环方式经过用户平台的再次授权后可以和信息运行大闭环方式进行动态转换；对于能够自行决策的信息，被授权平台则无须继续上传，进而在自身平台处对其进行处理，将感知信息转化为控制信息，并向下传输至感知控制平台执行。

（二）用户平台信息运行内闭环

用户平台控制的信息运行大闭环和用户平台授权的信息运行小闭环是用户平台外部的信息运行方式，是用户平台与其他平台的交互。除此之外，在用户平台内部也存在信息运行闭环，即"用户平台运行信息内闭环"。

用户平台通过信息运行内闭环进行自我管理，发挥自身功能。在智能制造工业物联网中，用户平台内部的信息运行也呈现出一个完整的物联网结构，如图3-4所示。用户平台通过自身内部的物联网结构，准确无误地表达了自身的需求信息，制定合理的物联网运行规则，在自身内部形成管理闭环。

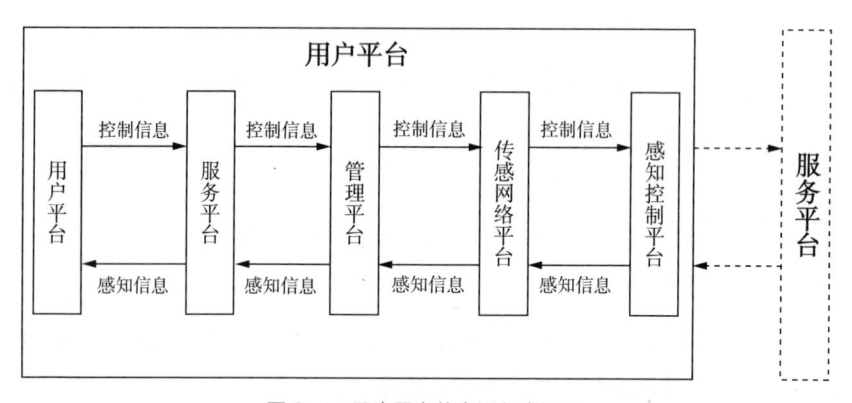

图3-4 用户平台信息运行内闭环

注：虚线表示平台与信息传输路径均处于内闭环外部，实线则表示内闭环中信息的运行路径，本注释也适用于服务平台、管理平台、传感网络平台、感知控制平台的信息运行内闭环示意图。

用户平台的信息处理在其信息运行内闭环中完成。通过用户平台信息运行内闭环，服务平台上传的感知信息转化为用户感知信息，用户感知信息转化为用户控制信息。用户平台通过信息运行内闭环进行最终决策，实现自身功能，在信息运行大闭环中控制智能制造工业物联网的运行，主导其他平台的功能实现，最终满足用户平台自身的需求。

第三节
用户平台的物理体系

在智能制造工业物联网中，用户平台实现自身功能需要相应物理实体的支撑，这些物理实体构成了用户平台的物理体系。用户平台以企业用户为主体，企业用户通常不直接作为物理实体参与到用户平台的物理体系中，而是通过其他物理实体作为中介去实现用户平台的功能。这些物理实体被统称为"用户物理实体"，构成了用户平台的物理体系，如图3-5所示。

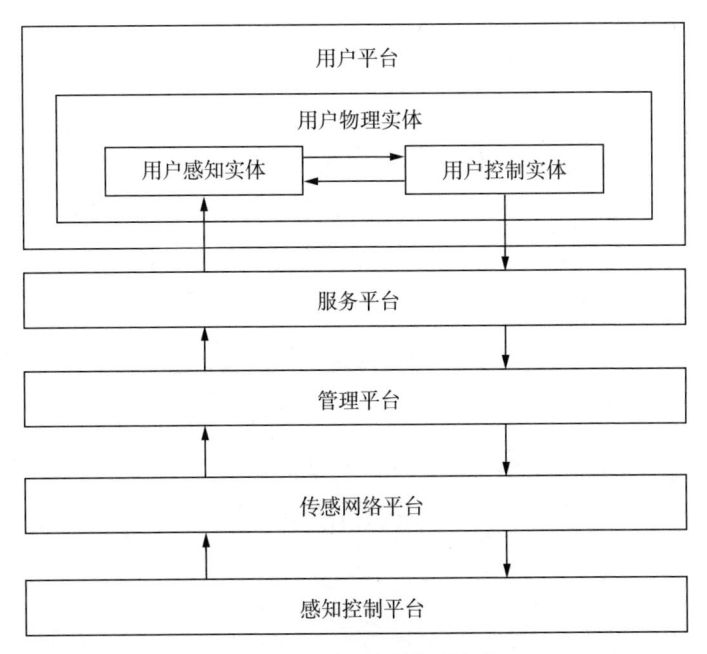

图 3-5　用户平台的物理体系

用户物理实体分为两个部分：用户感知实体和用户控制实体。用户感知实体是将其他平台上传的感知信息以数字、字符、图像、声音等形式呈现给企业用户，以实现企业用户感知需求的物理实体的总称。用户控制实体是将企业用户的文字、图像、声音等控制信息转化为可在物联网中传递的控制信息并下达至其他平台，以实现企业用户控制需求的物理实体的总称。用户感知实体和用户控制实体并不一定在物理形式上完全独立，二者可能被集成在同一物理实体内。企业用户若要满足自身需求，需要用户感知实体和用户控制实体的共同参与。

用户物理实体具有较强连接性、集成度及信息处理能力。用户物理实体不局限于简单的信息呈现和指令输入，其在接收感知信息、做出决策、下达控制信息这一过程中发挥一定的信息处理功能。

在智能制造工业物联网中，用户物理实体适用于各类智能制造场景，存在多种实体形式。比如，在企业用户需要高度便携性的部分交互场景中，用户将物理实体呈现为移动实体这一形式。移动实体是以智能移动设备为物理形式或物理介质的用户物理实体。移动实体体积小、便携性高，将感知实体与控制实体高度集成为一体。又如，在涉及特定工业生产现场的部分交互场景中，用户物理实体呈现为现场控制实体这一形式。其专门用于对特定工业生产和管理事项的感知与控制，针对工业生产现场的使用特点进行了大量优化，具备高度的可靠性。

用户物理实体对使用场景具有高度适应性，企业用户可根据不同的交互场景选择不同的实体形式。用户物理实体具备信息响应能力，能够保障企业用户感知与控制物联网的及时性和灵活性。用户物理实体信息处理能力的提高，能够进一步强化用户平台信息运行内闭环，确保企业用户对突发情况的有效应对，最终保障物联网的整体运行效率。

Chapter 4
第四章
智能制造工业物联网服务平台

智能制造工业物联网由用户平台主导组建并运行。其中，与用户平台直接交互的是服务平台。在智能制造工业物联网中，服务平台居于用户平台和管理平台之间，是用户平台与管理平台、传感网络平台、感知控制平台间接交互的中间平台，负责用户平台和管理平台之间信息的上传下达。本章在用户平台主导的物联网基础上，从服务平台的功能体系、信息体系、物理体系3个角度，阐述服务平台的功能表现、信息运行、物理实体形式。

第一节 服务平台的功能体系

在智能制造工业物联网中，服务平台通过发挥自身功能为用户平台提供服务，以满足用户平台的主导性需求。在这一过程中，服务平台的功能有两种：传输信息和简单处理信息。二者共同构成了服务平台的功能体系，如图4-1所示。

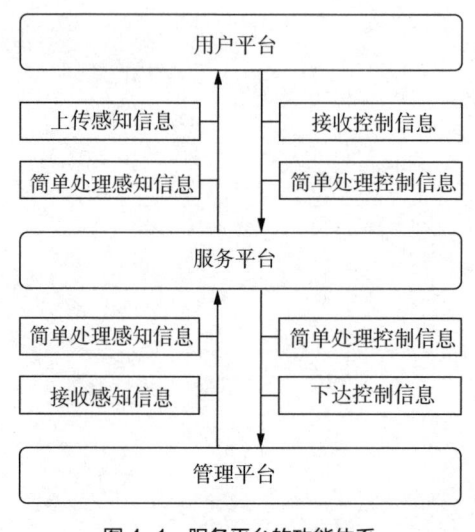

图4-1 服务平台的功能体系

一、传输信息

在智能制造工业物联网中,服务平台的信息传输功能是指服务平台完整和准确地理解用户平台和管理平台所发出的信息,运用自身的沟通服务能力,为用户平台和管理平台之间的信息交互提供传输服务。服务平台接收并上传管理平台向上传递的感知信息,接收并下达用户平台向下传递的控制信息(用户控制信息)。

(一)上传感知信息

用户平台在主导智能制造工业物联网运行的过程中,需要通过感知信息了解物联网运行的具体情况。物联网中的感知信息源自感知控制平台。用户平台通过服务平台、管理平台、传感网络平台接收感知控制平台向上传输的感知信息。其中,服务平台负责将管理平台发出的感知信息上传至用户平台。

感知信息在感知控制平台的感知活动中生成,这些最基本的感知信息经由传感网络平台被传递到管理平台。管理平台对接收到的感知信息进行处理,然后向上传递到服务平台。服务平台接收到管理平台发出的感知信息,基于用户授权视情况选择是否对信息进行进一步处理,再将感知信息上传至用户平台。用户平台接收到感知信息,通过感知信息了解物联网的整体运行情况和各平台的状态,从而主导物联网的运行,满足自身的需求。

(二)下达控制信息

用户平台通过下达控制信息主导智能制造工业物联网的运行。服务平台、管理平台、传感网络平台传输和处理控制信息,感知控制平台执行控制信息,为用户平台提供服务以满足用户平台需求。用户平台通过服务平台、管理平台、传感网络平台向下发送控制信息至感知控制平台。其中,服务平台发挥连接用户平台和管理平台的功能,负责控制信息的向下传达。

用户平台根据自身需求与物联网运行情况，做出决策，生成控制信息，最终下达至感知控制平台以执行决策的具体内容。服务平台接收到用户平台发出的控制信息，视情况选择是否对信息进行处理以便管理平台能够理解，再将控制信息传达到管理平台，使管理平台能够对控制信息进行进一步处理，最终使感知控制平台能够对控制信息予以执行，满足用户平台的需求。

二、简单处理信息

智能制造工业物联网的不同层级对于信息的关注重点有所区别，用户平台、管理平台、感知控制平台需要不同的信息。服务平台在下达控制信息和上传感知信息的过程中，需要以服务于用户平台需求为前提，视情况对信息进行处理。同时，服务平台的主要功能是传输信息，其仅对信息进行简单处理，不进行分析或更改。

用户平台处于物联网的上层，更为关注物联网的整体运行状态。此时，服务平台直接接收到的控制信息是偏于笼统、抽象的全局信息，可能无法直接被管理平台理解。当管理平台无法直接理解此类控制信息时，服务平台需要在准确和完整地理解用户平台需求的基础上，对控制信息进行转译和分类等简单处理，再将控制信息传达到管理平台，使管理平台能够准确和完整地理解用户平台需求。

感知控制平台处于物联网的下层，更为关注物联网的局部运行细节，此时，感知控制平台生成的感知信息较为琐碎和繁杂。感知信息经由管理平台处理后，虽然更为有序和简洁，但也可能不便于用户平台的理解。服务平台需要基于用户平台需求，对管理平台上传的感知信息进行分类、整理、转译等简单处理，使感知信息更为清晰和明确，以便于用户平台从感知信息中更为快速而准确地了解主要信息。

在用户授权下，服务平台可以不上传接收到的特定感知信息，直接将其转化为特定控制信息并下达。此类信息通常是管理平台上传的，与用户处理流程高度相似乃至相同的信息。用户将此类信息的处理流程作为预设方案存储在服务平台，服务平台按预设方案处理此类信息，比如服务平台对用户状态的自动回复、无关信息的自主审查等。这一过程能够提高管理平台接收控制信息的效率，同时降低用户平台的信息处理压力。

服务平台通过传输信息和简单处理信息为用户平台提供服务。除服务平台外，用户平台满足自身需求还需要管理平台、传感网络平台和感知控制平台为用户平台提供相应的服务。服务平台、管理平台、传感网络平台和感知控制平台，都以用户平台需求为导向，接受用户平台的控制，组织和开展本平台的相关业务，为用户平台提供服务，但其服务的性质和内容有所不同。服务平台直接与用户平台交互，为用户平台提供直接服务；管理平台、传感网络平台和感知控制平台通过中间平台间接与用户平台交互，为用户平台提供间接服务。

服务平台直接为用户平台提供服务。服务平台是用户平台联系其他平台和最终获取服务的必要功能平台。服务平台需要在准确理解用户平台指令的基础上，明确工作目标，实现信息的有效传输，为用户平台联系其他平台和最终获取服务提供通信支撑。这种通信支撑主要包括两个方面：服务平台对用户平台接收到的感知信息进行最后处理；服务平台对用户平台下达的控制信息进行初步处理。

服务平台为用户平台提供的服务具有及时、便捷、灵活、全面的特征。服务的及时性：服务平台对用户平台需求进行快速反应，在最短的时间内对用户平台需求进行理解，以明确用户平台需求并提供针对性的服务。服务的便捷性：服务平台以用户平台工作的最简化为服务的重要原则，最大限度地降低用户平台的信息处理压力，为用户平台提供便捷的服务。服务的灵活性：服务平台对用户平台需求不是完全被动的程序化反应，而是将用户平台需求与各平台的实际运行情况相结合，为用户平台提供当下适用性最强的灵活化服务。服务的全面性：用户平台需求通常会与物联网中的大部分事项产生关联，用户平台需要对物联网进行较为全面的感知与控制，服务平台因此需要为用户平台提供涉及多方事项的全方位服务。

第二节
服务平台的信息体系

在智能制造工业物联网中，服务平台实现其功能需要信息和物理实体两大要素。服务平台信息在服务平台物理实体上的运行就表现为服务平台的功能。与用户平台相似，服务平台的信息体系包括三方面的内容：信息系统、信息类型、信息运行。

一、信息系统

在智能制造工业物联网中，服务平台的信息系统为智能制造生产服务系统，其结构如图 4-2 所示。智能制造生产服务系统基于用户平台需求而组建，与智能制造用户控制系统相匹配，是服务平台信息运行的框架。智能制造生产服务系统对接用户平台和管理平台的信息系统，是连接用户平台与管理平台的桥梁。智能制造生产服务系统服务于用户平台对整个物联网的感知和控制，是用户平台感知物联网运行情况与控制物联网运行状态的通道。

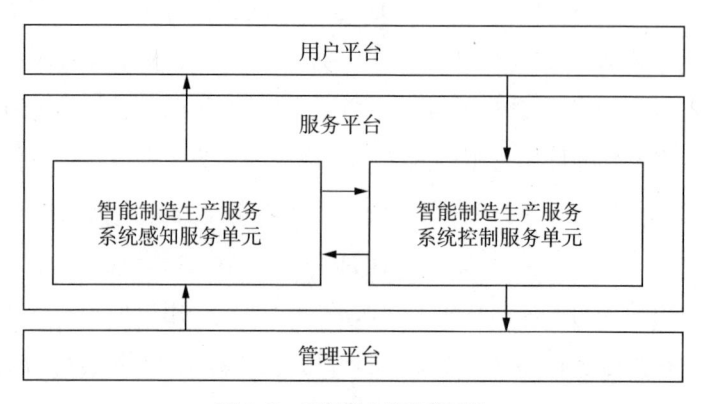

图 4-2 服务平台的信息系统

智能制造生产服务系统内部包含两个单元：感知服务单元和控制服务单元。感知服务单元负责接收管理平台上传的感知信息，并将用户所需的感知信息上传至用户平台。感知服务单元通过感知信息通信通道与用户平台和服务平台的信息系统相连接。控制服务单元负责接收用户平台下达的控制信息，并将控制信息以特定的形式传达至管理平台。控制服务单元通过控制信息通信通道与用户平台和服务平台的信息系统相连接。服务平台在接收感知信息和控制信息的基础上，在用户授权范围内对信息进行简单处理，以确保感知信息的准确和清晰、控制信息的可理解和可执行。此类信息处理活动在智能制造生产服务系统内部运行的过程中完成。信息通常按照从感知服务单元到用户平台信息系统再到控制服务单元的路径运行，两个单元协同保障智能制造生产服务系统的稳定运行。

二、信息类型

服务平台的信息运行以为用户平台提供服务、满足用户平台需求为目标，用户平台和管理平台之间经由服务平台传输的信息统称为服务信息。根据传输方向与功能的差异，服务信息可分为感知服务信息和控制服务信息，分别为用户平台提供感知服务和控制服务。

（一）感知服务信息

感知服务信息是服务平台上传至用户平台的感知信息，服务于用户平台对物联网的感知需求。感知服务信息直接来源于管理平台上传的感知信息，而管理平台上传的感知信息来源于感知控制平台生成的感知信息。感知服务信息通常与感知控制平台的感知信息存在较大差异，这是因为感知服务信息需要与用户平台的感知需求相匹配，以使用户平台更为高效地了解和把握物联网的整体运行情况和各平台的状态。感知服务信息经过管理平台的处理，能呈现出清晰、精简、可视化的特征，区别于感知控制平台感知信息的琐碎与繁杂。

在智能制造工业物联网中，感知服务信息以智能制造生产相关的感知信息为主，比如生产过程感知服务信息、设备感知服务信息、产品质量感知服务信息等。生产过程感知服务信息的具体内容包括生产计划执行情况、物料消耗情况、工艺路线等。设备感知服务信息的具体内容包括设备资产信息、维修记录、设备状态等。产品质量感知服务信息的具体内容包括质量检测数据和检验报告等。上述信息服务于用户平台对智能制造生产运营情况进行整体感知的需求。

（二）控制服务信息

控制服务信息是服务平台下达至管理平台的控制信息，服务于用户平台对物联网的控制需求。服务平台直接接收用户平台生成并下达的控制信息，而管理平台接收到的控制服务信息则可能为经服务平台处理后的控制信息。在用户平台生成并下达的控制信息并不一定能被管理平台有效理解，此时需要服务平台精准理解和把握用户平台需求，将用户控制信息简单处理为方便管理平台理解的控制服务信息。与用户控制信息的抽象和侧重全局的特点不同，控制服务信息可能对用户控制信息进行转译或增加解释，展现更多的细节，但相较于管理平台向感知控制平台传输的控制信息，控制服务信息的具体程度仍然较低。

在智能制造工业物联网中，控制服务信息以智能制造生产相关的控制信息为主，比如生产过程控制服务信息、设备控制服务信息、产品质量控制服务信息等。生产过程控制服务信息的具体内容包括生产计划实施指令、任务排产、工艺流程设置等。设备控制服务信息的具体内容包括设备操作指令、设备维保指令、设备巡检指令等。产品质量控制服务信息的具体内容包括质管质控计划实施指令和质控作业指令等。上述信息服务于用户平台对智能制造生产运营进行整体控制的需求。

三、信息运行

服务平台的感知服务信息和控制服务信息以智能制造生产服务系统为框架，以服务平台物理实体为载体，在智能制造工业物联网中运行。服务平台的信息运行呈现出 3 种状态：服务平台参与的信息运行大闭环、服务平台控制的信息运行小闭环、服务平台信息运行内闭环。

（一）服务平台参与的信息运行大闭环

智能制造工业物联网的信息运行大闭环是包含 5 个平台的完整物联网信息运行方式。用户平台基于自身需求对信息运行大闭环进行控制，服务平台参与信息运行大闭环，接受用户平台主导，以满足用户平台需求。服务平台参与的信息运行大闭环强调服务平台在信息运行大闭环中的参与性作用，即该平台的参与对信息运行大闭环的作用。服务平台参与的信息运行大闭环整体结构如图 4-3 所示。服务平台的参与性作用主要包含两个方面：负责从管理平台到用户平台的信息向上传输；负责从用户平台到管理平台的信息向下传输。

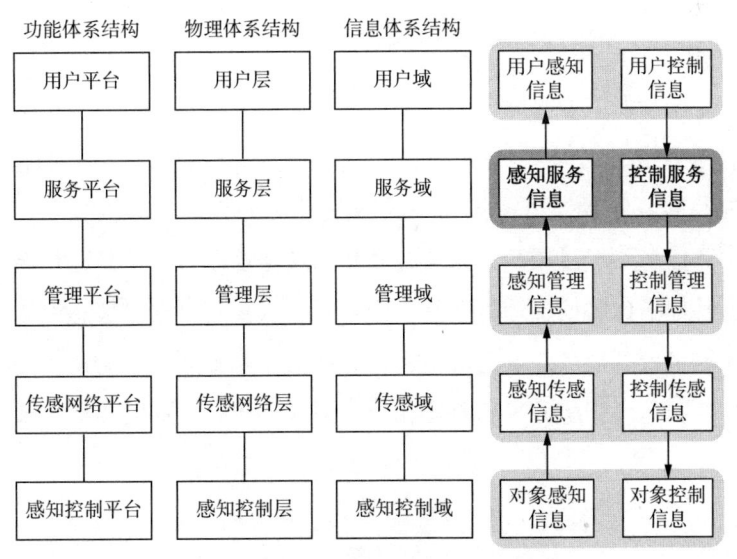

图 4-3 服务平台参与的信息运行大闭环

服务平台负责的从管理平台到用户平台的信息向上传输，属于从感知控制平台到用户平台的信息向上传输的一环。对象感知信息在感知控制平台处生成，经传感网络平台向上传输至管理平台。管理平台对接收到的感知信息进行处理，生成感知管理信息。管理平台将感知管理信息向上传输至服务平台。服务平台基于用户平台需求，将接收到的感知管理信息转化为感知服务信息，并将感知服务信息向上传输至用户平台。用户平台将接收到的感知服务信息转化为用户感知信息。服务平台负责保障用户平台与管理平台之间的感知信息通信效果。

服务平台负责的从用户平台到管理平台的信息向下传输，属于从用户平台到感知控制平台的信息向下传输的一环。用户控制信息在用户平台处生成，向下传输至服务平台。服务平台基于用户平台需求，将接收到的用户控制信息转化为控制服务信息，并将控制服务信息向下传输至管理平台。管理平台对接收到的控制服务信息进行处理，生成控制管理信息。管理平台将控制管理信息经传感网络平台向下传输至感知控制平台。感知控制平台将接收到的控制传感信息转化为对象控制信息。服务平台负责保障用户平台与管理平台之间的控制信息通信效果。

（二）服务平台控制的信息运行小闭环

在智能制造工业物联网的信息运行过程中，控制信息并非全部由用户平台直接发出，用户平台并不一定直接参与部分信息运行的闭环。"服务平台控制的信息运行小闭环"，是指服务平台在用户平台授权下，将特定感知服务信息不经过用户平台直接转化为特定控制服务信息，代替用户平台控制其他平台的信息运行闭环。服务平台、管理平台、传感网络平台和感知控制平台直接参与信息的运行，感知信息和控制信息的运行路径分别在感知控制平台和服务平台首尾相接，形成小闭环，如图4-4所示。

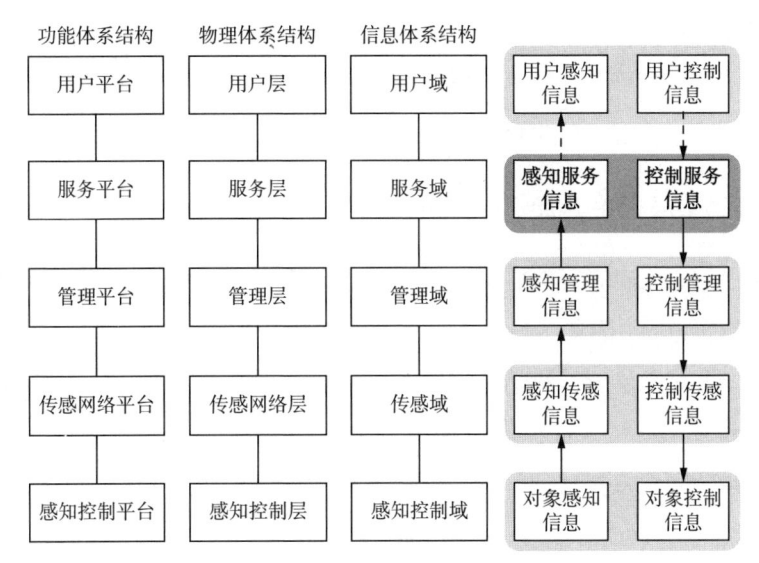

功能体系结构	物理体系结构	信息体系结构
用户平台	用户层	用户域
服务平台	服务层	服务域
管理平台	管理层	管理域
传感网络平台	传感网络层	传感域
感知控制平台	感知控制层	感知控制域

（右侧信息流图）
用户感知信息 — 用户控制信息
感知服务信息 — **控制服务信息**
感知管理信息 — 控制管理信息
感知传感信息 — 控制传感信息
对象感知信息 — 对象控制信息

图 4-4　服务平台控制的信息运行小闭环

注：虚线表示在用户授权范围内信息无须上传至该平台对应的信息域或处于物联网的外部，实线则表示信息的运行路径，该注释也适用于管理平台、传感网络平台、感知控制平台的信息运行小闭环示意图。

服务平台得到用户平台的此类授权需要一定条件：其一，用户平台基于自身需求和判断，确认感知控制平台在传感网络平台和管理平台的基础上还需要服务平台进行服务信息的处理；其二，用户平台确认服务平台具备相应的信息处理能力；其三，用户平台判断自身计划安排与此授权不冲突。

在服务平台控制的信息运行小闭环中，对象感知信息在感知控制平台处生成，经传感网络平台向上传输至管理平台。管理平台对接收到的感知传感信息进行处理，生成感知管理信息，并向上传输至服务平台。此时，服务平台需要在用户平台授权范围内对信息进行处理，判断是否需要用户平台进行决策：对于必须由用户平台进行决策的信息，服务平台需要将其转化为感知服务信息，并向上传输至用户平台，不过度理解或加工，这时小闭环经过用户平台的再次授权后可以和信息运行大闭环方式进行动态转换；对于自身能够进行决策的信息，服务平台将其直接转化为控制服务信息,并向下传输至管理平台。管理平台对接收到的控制服务信息进行处理,生成控制管理信息,并经传感网络平台向下传输至感知控制平台。最终,感知控制平台将接收到的控制信息转化为对象控制信息,形成闭环。

(三)服务平台信息运行内闭环

服务平台参与的信息运行大闭环和服务平台控制的信息运行小闭环是服务平台外部的信息运行方式,是服务平台与其他平台的交互。除此之外,在服务平台内部也存在信息运行闭环,即"服务平台信息运行内闭环"。

服务平台通过信息运行内闭环进行自我管理,发挥自身功能。在智能制造工业物联网中,服务平台在用户平台与管理平台之间建立通信通道,其内部的信息运行也呈现出一个完整的物联网结构,如图4-5所示。服务平台的信息处理在其信息运行内闭环中完成。通过服务平台信息运行内闭环,管理平台上传的感知信息转化为感知服务信息,用户平台下达的控制信息转化为控制服务信息。在得到用户平台授权的情况下,特定感知服务信息向特定控制服务信息的直接转化,也是通过服务平台信息运行内闭环完成。服务平台通过信息运行内闭环为用户平台提供通信服务,参与智能制造工业物联网信息运行大闭环中,满足用户平台的需求。

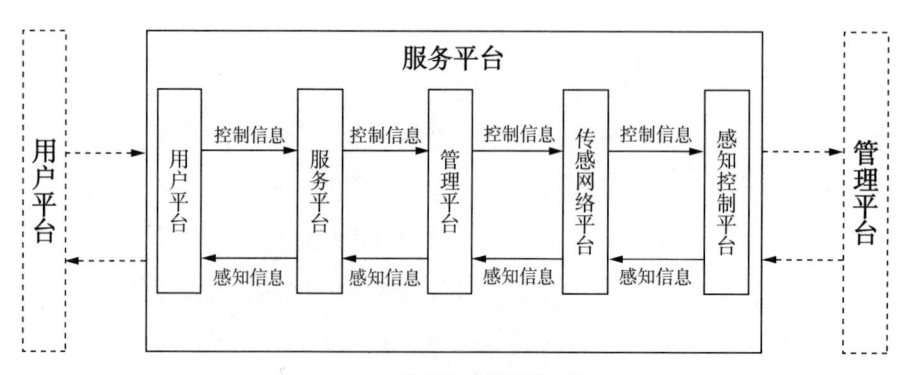

图4-5 服务平台信息运行内闭环

第三节
服务平台的物理体系

在智能制造工业物联网中，服务平台实现自身功能需要相应物理实体的支撑。这些物理实体构成了服务平台的物理体系，如图 4-6 所示。服务平台的物理实体作为信息运行的载体为用户提供服务，与用户物理实体进行直接交互。根据细分功能的不同，服务平台的物理实体可分为服务平台数据传输实体和服务平台数据处理实体两大类。服务平台数据传输实体侧重于对信息的接收、上传和下达。服务平台数据处理实体侧重于对信息的简单处理。

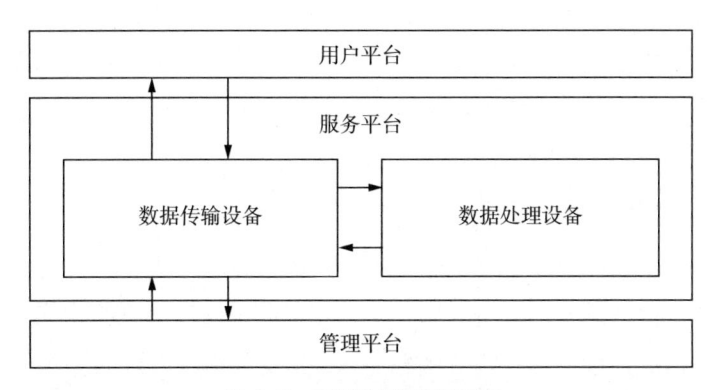

图 4-6 服务平台的物理体系

一、服务平台数据传输设备

服务平台数据传输设备是服务平台用以传输信息的物理载体。服务平台数据传输设备将信息输出模块与信息输入模块集成为一体，为用户提供信息传输的直接服务。数据传输设备与用户平台和管理平台的物理设备通过信息传输通道进行直接交互，数据传输设备中运行感知服务信息和控制服务信息。

服务平台数据传输设备的信息输出模块与信息输入模块负责数据传输的不同方面。通过信息输入模块，服务平台数据传输设备能够接收管理平台上传的感知信息和用户平台下达的控制信息。通过信息输出模块，服务终端也能够将感知服务信息上传至用户平台，将控制服务信息下达至管理平台。服务平台数据传输设备能够将信息转化为文字、图表、视频等形式，对信息进行上传和下达。服务平台数据传输设备对信息的这种转化，通常在数据处理设备中完成，数据传输设备和数据处理设备往往呈现出一体化的特征。

服务平台数据传输设备的工作具有一定的灵活性。根据实际情况的差异，服务平台数据传输设备可以随用户平台需求变换，大体分为两类：一类是专门的服务平台数据传输设备，这类数据传输设备根据用户服务需求，基于服务平台相应标准进行配置，主要用于服务平台本职的信息传输，是最常见的类型；另一类是临时的服务平台数据传输设备，这类数据传输设备通常是用户平台或管理平台上具备服务功能的数据传输设备，在特定情况下，临时代为发挥服务平台的作用，是其中的特殊类型。

二、服务平台数据处理设备

服务平台数据处理设备是服务平台用以简单处理信息的物理载体。服务平台数据处理设备具备响应服务请求、服务实施、保障服务等方面的功能，与数据传输设备协同满足用户平台的直接服务需求。在服务平台数据处理设备中，管理平台上传的感知信息转化为感知服务信息，用户平台下达的控制信息转化为控制服务信息。

服务平台数据处理设备通常不会与用户进行物理形式上的直接交互，主要是通过数据传输设备与用户平台和管理平台的物理设备相连接。根据服务需求的不同，服务平台数据处理设备的规模也可能存在差异：面对少量的服务需求，单个数据处理设备就能够满足；面对大量的服务需求，可能需要多个数据处理设备组成集群提供支持。数据处理设备集群通常需要专门的场地进行放置，该场地通常是封闭空间，不会与用户直接接触。同样，根据需求复杂程度的不同，服务平台数据处理设备可以具备不同的信息处理能力。通常而言，由于服务平台仅需对信息进行简单处理，因此服务平台数据处理设备的信息处理能力较为有限。

服务平台数据处理设备作为连接用户平台设备和管理平台设备的中介，以用户平台需求为直接导向，其工作具有一定的灵活性。根据实际情况，服务平台数据处理设备可以因用户平台的需求的差异而变换，总体分为两类：一类是专门的服务平台数据处理设备，这类数据处理设备专门根据用户平台需求，基于服务平台相应标准设计、搭建和运行，主要用于服务平台本职的信息处理，是最常见的类型；另一类是临时的服务平台数据处理设备，它们通常是用户平台或管理平台上具备服务功能的数据处理设备，在特定情况下，临时代为发挥服务平台的作用，是服务平台数据处理设备中的特殊类型。

服务平台物理设备的主要职能包括信息沟通和信息处理。在智能制造工业物联网中，服务平台物理设备的具体工作内容包括但不限于以下几个方面：协助用户平台制定生产运营计划与进行各方面工作目标分解；协助用户平台对生产运营相关部门进行统筹；保障用户平台与管理平台之间信息的上传下达；对用户平台相关的日常事务进行管理和提供服务等。

数据传输设备和数据处理设备作为服务平台物理设备的一部分，侧重点有所不同。服务平台数据传输设备侧重于信息沟通、直接服务用户平台等方面；服务平台数据处理设备侧重于辅助决策、综合协调等方面。服务平台数据传输设备与用户平台的交互性较强，在直接服务的效率上具有优势；服务平台数据处理设备的信息处理能力较强，在信息处理效率上具有优势。二者优势互补，协同运行为服务平台的功能实现提供保障。

在智能制造工业物联网中，高信息总量和高复杂程度的生产制造需要服务平台具备更强的信息传输和信息处理能力。在搭建和运行的过程中，服务平台物理设备可以根据所需信息传输和信息处理能力，应用不同的技术，为用户平台提供所需服务，以满足用户平台的不同需求。

Chapter 5
第五章

智能制造工业
物联网管理平台

在智能制造工业物联网中，管理平台通过服务平台为用户平台提供服务，通过传感网络平台对感知控制平台进行管理。管理平台汇总和分析接收的感知信息和控制信息，进行统筹、策划、组织、安排，根据用户授权向下分配资源，使传感网络平台和感知控制平台有序运行并发挥自身功能，为用户平台提供相应服务。管理平台将感知控制平台和传感网络平台提供的服务有效处理后向上传递至服务平台和用户平台，满足用户平台的需求。本章将从功能体系、信息体系、物理体系3个角度阐述管理平台的功能表现、信息运行、物理实体形式。

第一节
管理平台的功能体系

管理平台解析用户平台需求，控制感知控制平台，使感知控制平台有序执行生产制造任务，满足用户平台生产制造需求。在智能制造工业物联网中，管理平台的功能体系包括安全管理、环境管理、质量管理、工艺管理、生产管理、设备管理、仓储管理、文档管理。除上述功能外，基于不同的用户平台需求，管理平台还可能增加其他功能，如能源管理、基础信息管理等。管理平台的功能体系如图5-1所示。

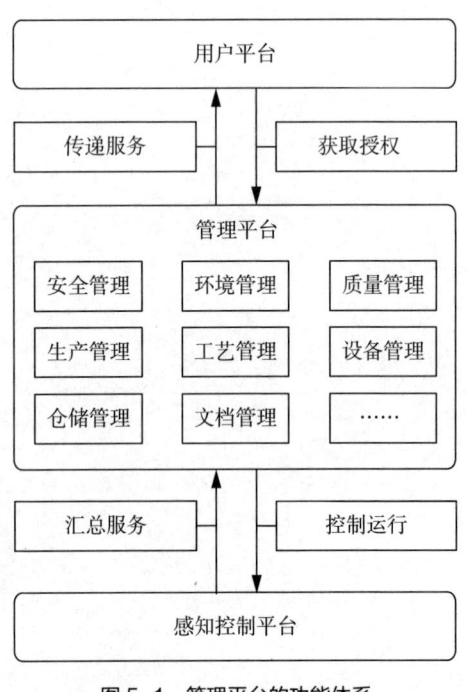

图5-1　管理平台的功能体系

一、安全管理

安全管理是对生产过程中的人员安全、设备安全、信息安全的系统性管理。

安全管理以预防为主，预防工作包括树立安全意识、学习安全知识、建立安全管理机制等方面。树立安全意识使全体人员保持对待生产安全的正确态度。学习安全知识使全体人员具备识别和应对安全风险的能力。安全管理机制为生产安全提供系统性的管理框架。

人员安全是指生产过程中涉及的人员的生命安全和健康安全。管理平台建立人员生命安全防护体系与职业健康管理体系，对生产过程中的人员安全情况进行监测。对潜在的影响人员安全的风险，管理平台根据监测信息进行预测，制定处理方案，并排除风险。对已出现的影响人员安全的问题，管理平台快速响应，分析问题，制定处理方案，并解决问题。

设备安全是指生产过程中涉及的设备的存放安全和运行安全。管理平台建立设备存放安全与运行安全的管理体系，对生产过程中的设备安全情况进行监测。对影响设备完整存放和正常运行的潜在风险，管理平台根据监测信息进行预测，制定处理方案，并排除风险。对设备在存放和运行过程中出现的安全问题，管理平台快速响应，分析问题，制定处理方案，并解决问题。

信息安全是指生产过程中涉及的信息的存储安全和传输安全。管理平台建立信息安全管理体系，对生产过程中的信息安全情况进行监测。对影响信息完整存储和保密运行的潜在风险，管理平台根据监测信息进行预测，制定处理方案，并排除风险。对信息在存储和传输过程中出现的缺失、损坏、泄密等问题，管理平台快速响应，分析问题，制定处理方案，并解决问题。

管理平台在防范安全风险和处理安全问题的过程中，不断完善安全管理机制，使管理平台能够更有效地防范安全风险和处理安全问题。

管理平台通过安全管理，能够保障人员职业健康和生产安全，使感知控制平台设备保持正常运行状态，保障产品的质量和生产效率。

二、环境管理

环境管理是对生产环境和自然环境的管理。

生产环境是感知控制平台设备用于生产制造的工作环境。生产环境包括照明、温度与湿度、通风与空气质量、噪声控制、电磁辐射防护、地面与清洁、物料摆放等方面。管理平台监测和调控生产现场的照明、噪声、温度、湿度等，使其保持在感知控制平台设备能够正常运行的标准范围内，保障设备运行的精度和稳定性。管理平台监控和调整生产现场的卫生和物料摆放等，保持生产现场的有序性。

自然环境是指感知控制平台设备不用于生产制造但受生产制造影响的周边环境。自然环境包括不用于生产制造但受生产制造影响的空气、水体、土壤等。感知控制平台设备在生产过程中排放的废气、废液、废渣等可能对自然环境产生负面影响。管理平台监测和控制生产过程中的污染物排放，使污染物排放符合环境保护标准。

管理平台的生产环境管理能够保护现场人员的职业健康，保障感知控制平台设备的工作性能，保障产品的质量和生产效率。管理平台的自然环境管理能够通过感知控制平台设备的节能减排，控制环境污染，实现绿色生产。

三、质量管理

质量管理是对感知控制平台生产前质量、生产中质量、生产后质量的管理。

生产前质量是指进入设备或生产线之前的原材料的质量。管理平台根据原材料质量检测信息，分析原材料质量情况。对于不符合质量标准的原材料，管理平台阻止其进入设备或生产线，保障生产所用的原材料都符合质量标准。

生产中质量是设备或生产线产出的在制品的质量。设备或生产线上通常设置有多个检测装置，对生产过程中各节点的在制品质量进行检测。管理平台根据在制品质量检测信息，分析在制品质量情况。根据分析结果，管理平台对在制品质量进行控制。在制品中检验合格者可直接进入下一节点；检验不合格者，视情况采取返修和报废等不同的处理方式，返修后再次检验合格者可进入下一节点。管理平台通过对工艺质量、设备精度、生产环境等方面的管理，能够规范原材料转化为在制品的过程，保障在制品的质量。

生产后质量是设备或生产线产出的产品成品的质量。成品检测装置对成品质量进行检测。管理平台根据成品质量检测信息，分析成品质量情况。根据分析结果，管理平台对成品质量进行控制。成品中检验合格者可直接入库；检验不合格者，视情况采取全检、返修、报废等不同的处理方式，返修后再次检验合格者可入库。管理平台通过对成品的质量追溯，能够实现对原材料转化为产品的全流程的质量控制。

管理平台的质量管理能够控制产品合格率和产品返工率，保障感知控制平台所产出产品的质量。

四、工艺管理

工艺管理是对感知控制平台的工艺流程和工艺执行的管理。

生产工艺流程是指在生产过程中利用各种生产设备，将原材料和在制品按照预定顺序加工成最终产品的整体方法与过程。工艺流程管理是对生产工艺流程本身的管理，包括工艺规划、工艺编制、工艺优化。工艺规划即管理平台基于用户平台需求制定产品生产的工艺路线，确定产品生产的工艺参数。工艺编制即管理平台对工艺规划中制定的工艺路线进行详细的编排，形成规范化的工艺文件。工艺优化即管理平台根据工艺路线在实际生产中的实施效果，对工艺路线进行调整，保障工艺路线的可靠性。

感知控制平台设备执行工艺流程进行产品的生产。工艺执行管理是对感知控制平台设备工艺流程执行活动的管理，包括工艺监测和工艺控制。工艺监测即管理平台对感知控制平台设备的生产活动进行监测，判断感知控制平台设备是否按照规定的工艺流程和工艺参数进行产品生产。工艺控制即管理平台向感知控制平台下达控制信息，使感知控制平台设备按照管理平台的工艺流程要求执行生产任务。

管理平台的工艺管理通过制定合适的工艺流程，监控工艺流程的执行并不断优化工艺流程，能够为产品生产提供相应的工艺标准，简化产品生产环节，保障产品生产质量和效率，控制企业生产运营成本。

五、生产管理

生产管理是对感知控制平台生产计划和生产执行的管理。

生产计划是对感知控制平台生产设备在一定时间内所需生产的产品品类和产品数量的安排。管理平台基于用户平台的需求，结合感知控制平台的实际情况制定生产计划。生产计划注明需要生产的产品品类和数量，确定完成订单的生产时间和周期，指定承担生产任务的设备。管理平台将生产计划分解为多个层级，可能具体到多生产线、单生产线、单台独立设备。管理平台根据不同的生产需求，将执行生产计划的控制信息下达到感知控制平台的多生产线、单生产线、单台独立设备。管理平台根据生产计划的执行情况，可对已有的生产计划进行调整，以适应不同的生产需求。

生产执行是指生产设备按照生产计划进行实际生产操作。感知控制平台接收到执行生产计划的控制信息，开展生产活动。管理平台对感知控制平台设备的生产计划执行情况进行监测，判断生产设备是否按照生产计划规定的进度完成生产。对于生产设备未按预定进度执行生产计划的情况，管理平台分析其原因视情况进行处理。如生产设备未准确执行生产计划，管理平台下达控制信息，控制生产设备严格执行生产计划；如生产计划超出生产设备产能上限，管理平台结合生产需求和设备情况，对已有的生产计划进行调整，保障生产设备能够完整执行生产计划。

管理平台通过生产管理制定合适的生产计划，兼顾生产的质量和效率。生产管理控制感知控制平台执行生产计划，保障产品在周期内的完整产出。管理平台通过生产管理使产品的质量和生产效率得到保障。

六、设备管理

设备管理是对感知控制平台设备运行和设备维护的管理。

设备运行是感知控制平台设备执行生产任务的活动。管理平台对设备运行的状态进行监测，判断设备的运行状态。设备运行状态包括设备的工作状态（关机、待机、运行等）、设备的运行参数（功率、速度、温度、压力等）、设备的故障及报警信息等。管理平台基于生产需求对设备运行状态进行调整，设置设备的启停时间、运行速度、加工精度等，以控制产品生产的进度和精度。

设备维护是指维修和保养感知控制平台设备的活动。管理平台制定设备定期维保计划并提示进行定期保养。管理平台监测和分析设备的运行状况，诊断设备的健康状态，并根据设备健康状态诊断结果，对已有的设备故障进行快速定位并组织故障检修，对潜在的设备故障或设备老化进行预测性维护。

管理平台通过设备运行管理控制设备运行，调整设备参数，减少停机时间，保障设备的运行效率，确保产品生产效率。管理平台通过设备维护管理，使设备保持良好健康状态，延长设备的使用寿命。

七、仓储管理

仓储管理是对生产过程中物料存储与物料运输的管理。

物料存储是原材料、在制品、成品在仓库的存放保管。管理平台对物料在仓库中的存放布局进行规划，将原材料、在制品、成品分类分区域存放。管理平台对物料在仓库中的状态进行监测，统计物料的名称、种类、数量、库存时间等信息，监控库房环境温度和湿度等数据。管理平台对物料的库存信息进行统一编码，方便生产制造过程中对库存物料的查询和使用。管理平台定期分析库存信息，对库存不足的情况进行预警，并组织解决库存不足的问题。

  物料运输是生产制造过程中物料在仓库与生产设备间的运输。物料运输管理包括物料的入库管理和出库管理。管理平台对物料的入库进行审核、记录、执行，确保入库物料的安全与合格，记录入库物料的名称、来源、入库时间等信息，接收入库物料并将其上架至仓库货架。管理平台对物料的出库进行审核、记录、执行，确保出库物料的安全与合格，记录出库物料的名称、用途、出库时间等信息，将出库物料运送至使用该物料的生产设备处。

  管理平台通过仓储管理调节物料在生产过程中的流动，使物料的供给和消耗达到动态平衡，保障资源流转效率，控制资源在流转过程中的浪费，实现优化资源配置。

八、文档管理

  文档管理是对生产前信息、生产中信息、生产后信息的系统化存档管理。

  生产前信息是指感知控制平台开始执行生产之前的相关信息，包括产品工艺设计信息、生产计划信息、原材料库存信息等。生产中信息是感知控制平台生产执行过程中的相关信息，包括工艺执行信息、生产执行信息、设备状态信息等。生产后信息是感知控制平台生产执行过程结束后的相关信息，包括成品质检信息、成品入库信息、成品库存信息等。

  文档管理包括文档的创建、存储、检索、共享等。文档创建即文档按照标准化模板创建，确保文档格式和框架的统一。文档在创建过程中根据需求进行加密处理，设置文档权限，确保文档的保密性。文档存储即汇总整理文档并将文档集中存放于数据中心。文档按照一定的分类存储并进行备份。文档检索是对存储的文档进行编码，建立文档索引系统，方便文档的查询与获取。文档共享是在具备文档共享权限的基础上，多个使用者共同访问文档内容，协同开展工作。

管理平台通过文档管理确保文档的有效性、准确性和及时性，为感知控制平台的生产活动提供文档支持。

第二节 管理平台的信息体系

在智能制造工业物联网中，管理平台实现其功能需要信息和物理实体两大要素。管理平台信息在管理平台物理实体上的运行就表现为管理平台的功能。管理平台的信息体系包括三方面的内容：信息系统、信息类型、信息运行。

一、信息系统

管理平台根据自身功能建立对应的信息系统，使信息在不同的信息系统中运行，实现管理平台的各种功能。管理平台的信息系统可分为安全管理系统、环境管理系统、质量管理系统、工艺管理系统、生产管理系统、设备管理系统、仓储管理系统、文档管理系统。除上述信息系统外，基于不同的用户平台需求，管理平台还可能增加其他信息系统，如能源管理系统、基础信息管理系统等。同一信息可以在不同信息系统中运行，实现不同信息系统之间的协同。

（一）安全管理系统

安全管理系统是用于生产制造过程中安全管理的信息系统，其内部单元包括安全预防单元、安全监测单元、风险防控单元、应急响应单元。安全管理系统的结构如图 5-2 所示。安全预防单元组织开展安全培训活动，构建安全管理机制以规范生产安全管理工作。安全监测单元接收感知控制平台在生产现场实时采集的各类安全感知信息，对安全感知信息进行分析，识别异常信息，判断是否存在安全风险或出现安全问题。在确认存在安全风险时，风险防控单元启动风险防控程序，进行风险预测，制定安全风险控制方案，组织相关单位采取措施排除安全风险。在确认出现安全问题时，应急响应单元启动应急响应程序，发出警报，制定安全问题解决方案，组织相关单位采取措施处理安全问题。

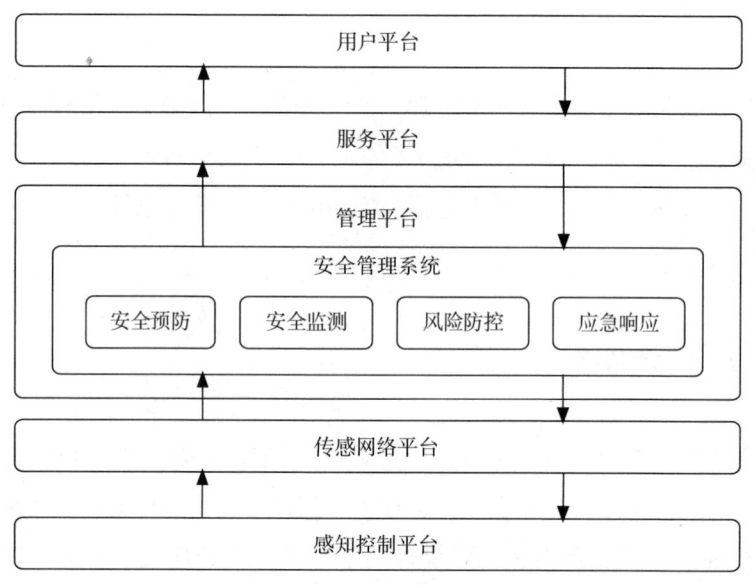

图 5-2　安全管理系统的结构

安全管理系统中运行的感知信息来自感知控制平台。感知控制平台采集与安全相关的感知信息（称为安全感知信息），包括设备运行状态、用电线路信号、危险作业记录等。安全感知信息经传感网络平台上传至管理平台的安全管理系统及其他协同安全管理的管理系统（如设备管理系统）。安全管理系统分析安全感知信息，评估生产安全状况，形成安全管理报告。安全管理系统处理后的安全感知信息经服务平台上传至用户平台。用户平台进行决策后，下达安全控制信息，经服务平台传达至安全管理系统。安全管理系统接收安全控制信息，形成安全问题解决方案或安全风险控制方案。安全管理系统处理后的安全控制信息经传感网络平台下达至感知控制平台，感知控制平台执行安全控制信息，以解决问题或排除风险。

安全管理系统可以在用户平台授权范围内，将特定的安全感知信息直接转化为特定的安全控制信息，无须上传该安全感知信息至用户平台进行决策。安全管理系统接收到此类安全感知信息，直接对安全风险或安全问题进行响应，即时预警，制定处理方案交由感知控制平台执行，保障突发安全问题能够得到及时处理。例如，安全管理系统接收到危险气体浓度异常升高的感知信息，判断出现危险气体泄漏事故，直接下达控制信息关闭气体传输管道阀门，并疏散现场人员。

（二）环境管理系统

环境管理系统是用于生产制造过程中环境管理的信息系统，其内部单元包括环境监测单元、环境分析单元、环境优化单元。环境管理系统的结构如图5-3所示。环境监测单元通过感知控制平台对生产环境和自然环境进行监测，接收感知控制平台采集的各类环境感知信息。环境分析单元对环境感知信息进行处理，评估生产环境与自然环境的状况，分析生产过程中存在的环境问题。环境优化单元针对环境问题制定相应的处理方案，组织相关单位采取措施解决环境问题，优化生产环境，保护自然环境。

环境管理系统中运行的感知信息来自感知控制平台。感知控制平台采集与环境相关的感知信息（称为环境感知信息），包括工作环境感知信息和自然环境感知信息。工作环境感知信息包括生产设备运行空间的温度、湿度、粉尘浓度等。自然环境感知信息包括受生产活动影响的空气质量、水源质量、土壤质量等。环境感知信息经传感网络平台上传至管理平台的环境管理系统及其他协同环境管理的管理系统（如设备管理系统和生产管理系统）。环境管理系统分析环境感知信息，评估环境状况，形成环境管理报告。环境管理系统处理后的环境感知信息经服务平台上传至用户平台。用户平台进行决策后，下达环境控制信息，经服务平台传达至环境管理系统。环境管理系统接收环境控制信息，形成环境问题解决方案。环境管理系统处理后的环境控制信息经传感网络平台下达至感知控制平台，感知控制平台执行环境控制信息，以解决问题。

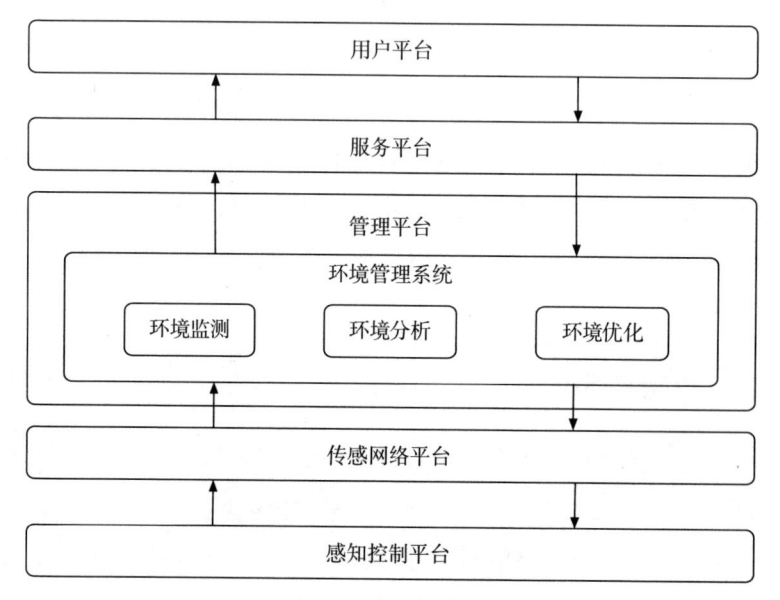

图 5-3 环境管理系统的结构

环境管理系统可以在用户平台授权范围内，将特定的环境感知信息直接转化为特定的环境控制信息，无须上传该环境感知信息至用户平台进行决策。环境管理系统接收到此类环境感知信息，直接针对存在的环境问题制定处理方案交由感知控制平台执行，保障突发环境问题能够得到及时处理。例如，环境管理系统接收到生产现场环境温度升高的感知信息，判断生产设备会因为长时间高温运行导致性能下降，直接协同设备管理系统下达控制信息开启降温设备，调节生产现场的环境温度。

（三）质量管理系统

质量管理系统是用于生产制造过程中质量管理的信息系统，其内部单元包括质量检测单元和质量控制单元。质量管理系统的结构如图 5-4 所示。质量检测单元控制感知控制平台的智能检测设备对原材料、在制品、成品进行质量检测，接收智能检测设备上传的各类质量感知信息。质量检测单元对质量感知信息进行分析，检验原材料、在制品、成品的质量是否符合质量标准。对于不符合质量标准的情况，质量控制单元启动质量追溯程序，定位问题节点，分析原因并制定解决方案，组织相关单位采取纠正措施解决质量问题，控制产品生产质量。

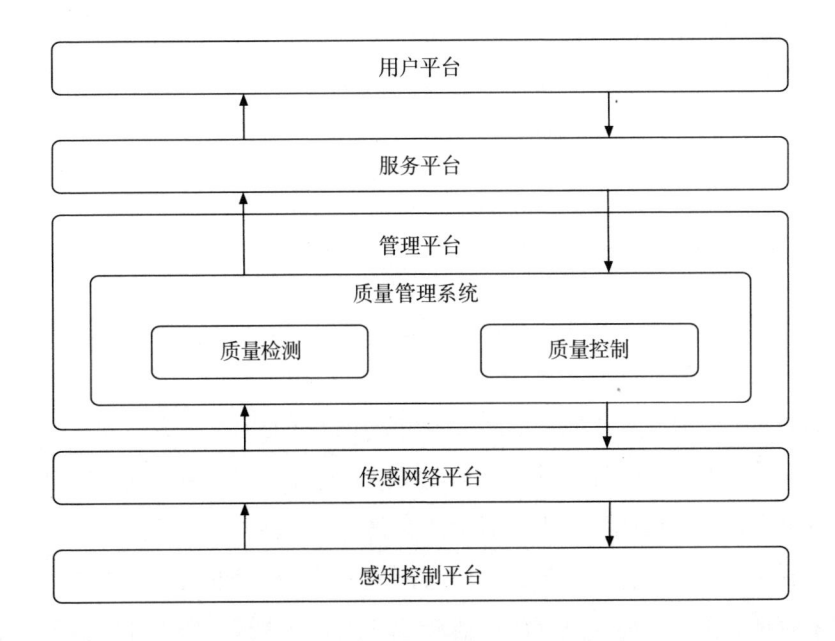

图 5-4　质量管理系统的结构

质量管理系统中运行的感知信息来自感知控制平台。感知控制平台采集与质量相关的感知信息（称为质量感知信息），包括原材料、在制品、成品的质量检测数据。质量感知信息经传感网络平台上传至管理平台的质量管理系统及其他协同质量管理的管理系统（如工艺管理系统和生产管理系统）。质量管理系统分析质量感知信息，得出不良品数、合格率、返修率等数据，形成质量管理报告。质量管理系统处理后的质量感知信息经服务平台上传至用户平台。用户平台进行决策后，下达质量控制信息，经服务平台传达至质量管理系统。质量管理系统接收质量控制信息，形成质量问题解决方案。质量管理系统处理后的质量控制信息经传感网络平台下达至感知控制平台，感知控制平台执行质量控制信息，以解决问题。

质量管理系统可以在用户平台授权范围内，将特定的质量感知信息直接转化为特定的质量控制信息，无须上传该质量感知信息至用户平台进行决策。质量管理系统接收到此类质量感知信息后，直接针对存在的质量问题制定处理方案，并交由感知控制平台执行，保障突发质量问题能够得到及时处理。例如，质量管理系统接收到短时间内某零件质量不合格数异常增加的感知信息，判断设备运行参数错误导致零件质量问题，直接协同设备管理系统下达控制信息调整设备运行参数，控制零件的生产质量。

（四）工艺管理系统

工艺管理系统是用于生产制造过程中工艺管理的信息系统，其内部单元包括工艺配置单元、工艺监测单元、工艺控制单元。工艺管理系统的结构如图 5-5 所示。工艺配置单元审核与记录已有的工艺参数，确保工艺参数符合统一的工艺设计标准。工艺配置单元将确定的工艺路线下发至感知控制平台执行，根据生产需求对工艺参数进行调整。工艺监测单元接收感知控制平台执行工艺路线的感知信息，评估工艺执行的效果，判断感知控制平台是否按工艺路线开展生产活动。对于工艺执行效果不佳的情况，工艺控制单元分析其原因并组织解决问题：若感知控制平台未准确执行工艺路线，则下达控制信息敦促感知控制平台严格执行工艺路线；若工艺路线本身无法满足生产需求，则制定工艺路线优化方案，协同工艺配置单元调整工艺参数，使工艺路线和工艺参数与生产需求相匹配。

工艺管理系统中运行的感知信息来自感知控制平台。感知控制平台采集工艺相关的感知信息（称为工艺感知信息），包括生产工艺配置数据、质量检测数据、能源消耗数据等。工艺感知信息经传感网络平台上传至管理平台的工艺管理系统及其他协同工艺管理的管理系统（如生产管理系统和设备管理系统）。工艺管理系统分析工艺感知信息，评估工艺的执行效果和工艺的应用成果，形成工艺管理报告。工艺管理系统处理后的工艺感知信息经服务平台上传至用户平台。用户平台进行决策后，下达工艺控制信息，经服务平台传达至工艺管理系统。工艺管理系统接收工艺控制信息，形成工艺执行方案或工艺改进方案。工艺管理系统处理后的工艺控制信息经传感网络平台下达至感知控制平台，感知控制平台执行工艺执行方案和工艺改进方案，以解决工艺问题。

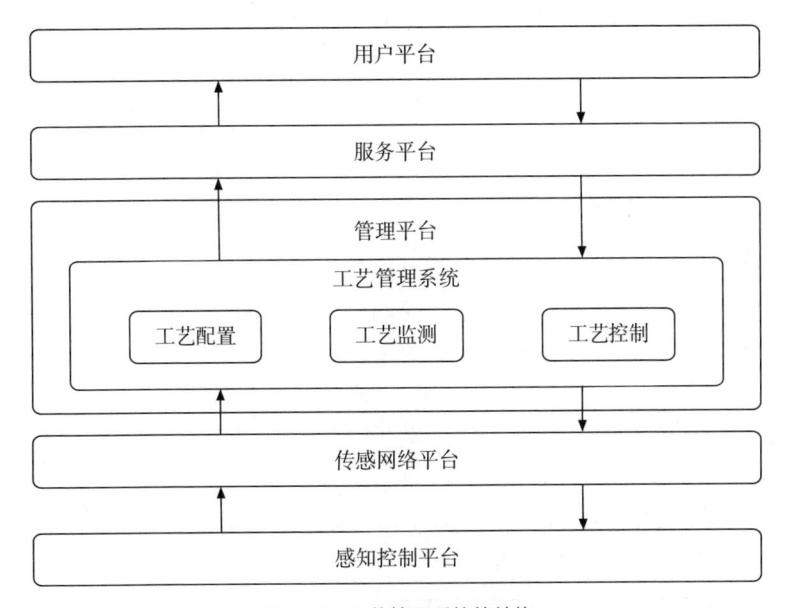

图 5-5　工艺管理系统的结构

工艺管理系统可以在用户平台授权范围内，将特定的工艺感知信息直接转化为特定的工艺控制信息，无须上传该工艺感知信息至用户平台进行决策。工艺管理系统接收到此类工艺感知信息，直接针对存在的工艺问题制定处理方案并交由感知控制平台执行，保障突发工艺问题能够得到及时处理。例如，工艺管理系统接收到某一生产节点产出的零件批量性未达标的感知信息时，系统首先判断该生产设备工艺执行参数偏离标准是导致问题的直接原因。然后，工艺管理系统协同设备管理系统，精准调整设备参数至规定范围内，并进行小范围试生产以验证调整效果。最后，全面复核工艺步骤，进行再验证，确保问题得到彻底解决。

（五）生产管理系统

生产管理系统是用于生产制造过程中生产管理的信息系统，其内部单元包括生产计划单元、生产监测单元、生产控制单元。生产管理系统的结构如图5-6所示。生产计划单元基于用户平台的生产制造需求制定生产计划，将生产计划分解下达至感知控制平台的各个设备，使感知控制平台设备执行生产计划。生产监测单元接收感知控制设备执行生产计划的感知信息，实时跟踪生产过程，监测生产进度和生产状态，判断感知控制平台是否按生产计划开展生产活动。生产控制单元视情况对生产执行进行调度或对生产计划进行调整：若感知控制平台设备出于自身原因未准确执行生产计划，则协同设备管理系统下达控制信息控制感知控制平台按计划开展生产活动；若生产计划本身超出感知控制平台设备的最大负载，则对生产计划进行调整，使生产计划与现实生产条件相匹配。

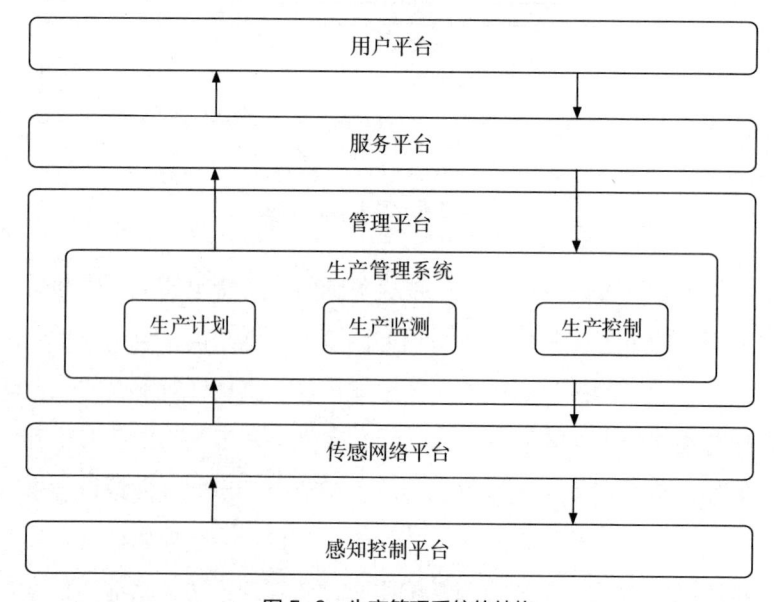

图 5-6　生产管理系统的结构

生产管理系统接收来自用户平台的控制信息，理解用户平台的生产制造需求，制订生产计划。生产管理系统将生产计划控制信息下达至感知控制平台，感知控制平台执行生产计划。感知控制平台采集与生产相关的感知信息（称为生产感知信息），包括生产节点、设备产量、生产进度等。生产感知信息经传感网络平台上传至管理平台的生产管理系统及其他协同生产管理的管理系统（如工艺管理系统和设备管理系统）。生产管理系统分析生产感知信息，评估生产计划执行效果，形成生产管理报告。生产管理系统处理后的生产感知信息经服务平台上传至用户平台。用户平台进行决策后，下达生产控制信息，经服务平台传达至生产管理系统。生产管理系统接收生产控制信息，形成生产计划执行方案或生产计划优化方案。生产管理系统处理后的生产控制信息经传感网络平台下达至感知控制平台，感知控制平台确保生产计划执行到位或执行优化后的生产计划，以解决生产问题。

生产管理系统可以在用户平台授权范围内，将特定的生产感知信息直接转化为特定的生产控制信息，无须上传该生产感知信息至用户平台进行决策。生产管理系统接收到此类生产感知信息后，直接针对存在的生产问题制定处理方案并交由感知控制平台执行，保障突发生产问题能够得到及时处理。例如，生产管理系统接收到关于某一生产设备生产进度落后于预定生产计划的感知信息时，系统首先判断该生产设备未能充分发挥其产能以执行既定的生产计划。然后，生产管理系统协同设备管理系统，向该设备下达控制信息，调整设备运行参数，提高设备的运行速度，以确保该生产设备的生产进度能够迅速回归并符合生产计划的要求。

（六）设备管理系统

设备管理系统是用于生产制造过程中设备管理的信息系统，其内部单元包括设备监测单元、设备控制单元、设备维护单元。设备管理系统的结构如图5-7所示。设备监测单元对感知控制平台设备的运行情况进行实时监控，接收设备上传的感知信息，评估设备状态。设备控制单元根据生产需求对设备发出控制信息，控制设备的运行状态，使设备执行相应的操作。设备维护单元基于设备状态的评估结果，制定和组织实施预测性维护计划，对设备进行保养，保障设备的良好状态。设备维护单元对突发的设备故障进行快速响应，分析设备故障的原因，制定设备故障解决方案，组织相关单位采取措施排除设备故障，保障设备正常运行。

```
┌─────────────────────────────────┐
│            用户平台              │
└─────────────────────────────────┘
              ↑↓
┌─────────────────────────────────┐
│            服务平台              │
└─────────────────────────────────┘
              ↑↓
┌─────────────────────────────────┐
│            管理平台              │
│   ┌─────────────────────────┐   │
│   │      设备管理系统        │   │
│   │ ┌──────┐┌──────┐┌──────┐│   │
│   │ │设备监测││设备控制││设备维护││  │
│   │ └──────┘└──────┘└──────┘│   │
│   └─────────────────────────┘   │
└─────────────────────────────────┘
              ↑↓
┌─────────────────────────────────┐
│          传感网络平台            │
└─────────────────────────────────┘
              ↑↓
┌─────────────────────────────────┐
│          感知控制平台            │
└─────────────────────────────────┘
```

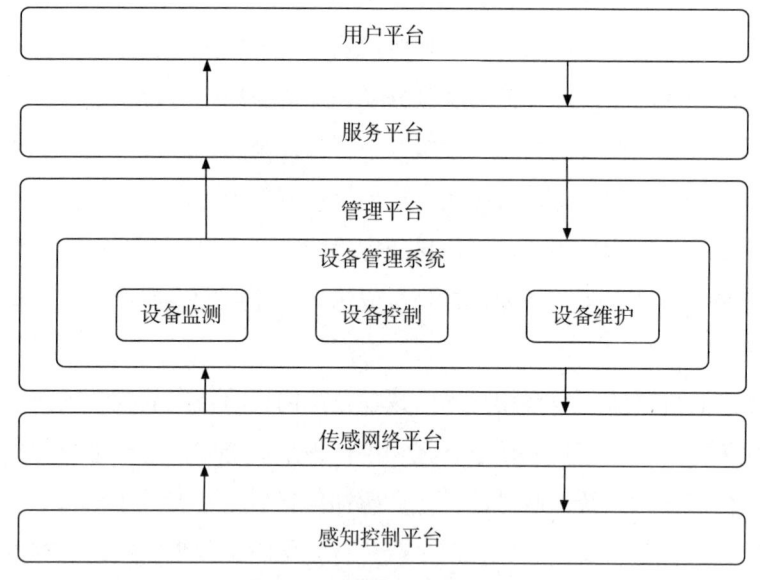

图 5-7　设备管理系统的结构

设备管理系统中运行的感知信息来自感知控制平台。感知控制平台采集与设备相关的感知信息（称为设备感知信息），包括设备状态、设备运行参数、设备故障报警等。设备感知信息经传感网络平台上传至管理平台的设备管理系统及其他协同设备管理的管理系统（如工艺管理系统和生产管理系统）。设备管理系统分析设备感知信息，评估设备的生产状态和健康状态，形成设备管理报告。设备管理系统处理后的设备感知信息经服务平台上传至用户平台。用户平台进行决策后，下达设备控制信息，经服务平台传达至设备管理系统。设备管理系统接收设备控制信息，形成具体的设备控制方案或设备维护方案。设备管理系统处理后的设备控制信息经传感网络平台下达至感知控制平台，感知控制平台执行相应的设备操作或开展设备维护工作，以解决设备问题。

设备管理系统可以在用户平台授权范围内，将特定的设备感知信息直接转化为特定的设备控制信息，无须上传该设备感知信息至用户平台进行决策。设备管理系统接收到此类设备感知信息后，直接针对存在的设备问题制定处理方案并交由感知控制平台执行，保障突发设备问题能够得到及时处理。例如，设备管理系统接收到某一生产设备故障报警的感知信息，判断该生产设备出现突发性故障，直接下达控制信息暂停设备运行并对设备进行维修，以排除设备故障。

（七）仓储管理系统

仓储管理系统是用于生产制造过程中仓储管理的信息系统，其内部单元包括出入库管理单元和库存管理单元。仓储管理系统的结构如图 5-8 所示。出入库管理单元对原材料、在制品、成品在仓库和生产设备间的流动进行管理。出入库管理单元对原材料、在制品、成品的出入库情况进行实时感知，记录和分析原材料、在制品、成品的入库信息和出库信息，根据生产需求下达出入库控制信息，对出入库活动进行控制，确保出入库活动的有序性。库存管理单元对原材料、在制品、成品在仓库内的存放进行管理。库存管理单元对原材料、在制品、成品的库内存放情况和仓库环境进行实时感知，评估原材料、在制品、成品的库存状态，根据生产需求整理和补充库存物料，确保库存的安全、有序、可用。

仓储管理系统中运行的感知信息来自感知控制平台。感知控制平台采集与仓储相关的感知信息（称为仓储感知信息），包括入库记录、库存数量、出库记录等。仓储感知信息经传感网络平台上传至管理平台的仓储管理系统及其他协同仓储管理的管理系统（如生产管理系统）。仓储管理系统分析仓储感知信息，评估物料库存状态，形成仓储管理报告。仓储管理系统处理后的仓储感知信息经服务平台上传至用户平台。用户平台进行决策后，下达仓储控制信息，经服务平台传达至仓储管理系统。仓储管理系统接收仓储控制信息，形成物料调配方案或库存维持方案。仓储管理系统处理后的仓储控制信息经传感网络平台下达至感知控制平台，感知控制平台执行相应的物料运输或上架操作，以解决仓储问题。

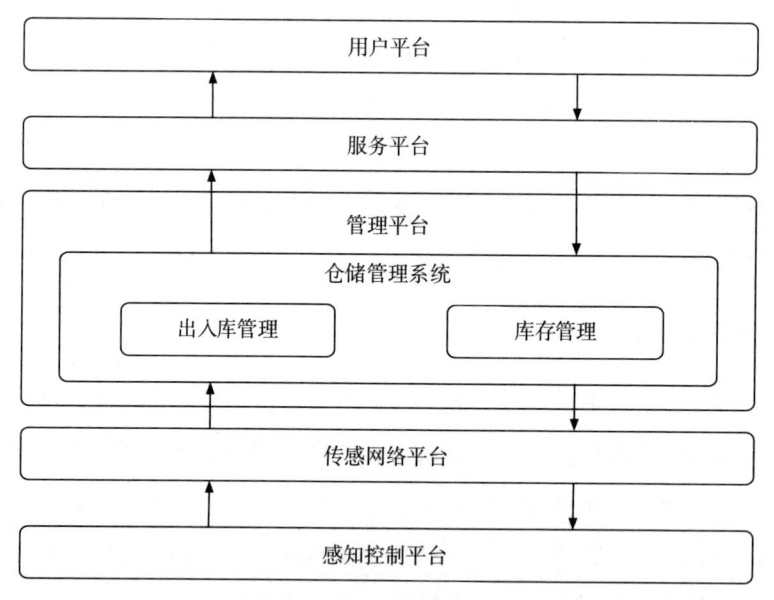

```
┌─────────────────────────────────────┐
│              用户平台                │
└─────────────────────────────────────┘
                ↕
┌─────────────────────────────────────┐
│              服务平台                │
└─────────────────────────────────────┘
                ↕
┌─────────────────────────────────────┐
│              管理平台                │
│  ┌───────────────────────────────┐  │
│  │         仓储管理系统           │  │
│  │  ┌──────────┐  ┌──────────┐   │  │
│  │  │ 出入库管理│  │ 库存管理 │   │  │
│  │  └──────────┘  └──────────┘   │  │
│  └───────────────────────────────┘  │
└─────────────────────────────────────┘
                ↕
┌─────────────────────────────────────┐
│            传感网络平台              │
└─────────────────────────────────────┘
                ↕
┌─────────────────────────────────────┐
│            感知控制平台              │
└─────────────────────────────────────┘
```

图 5-8 仓储管理系统的结构

仓储管理系统可以在用户平台授权范围内，将特定的仓储感知信息直接转化为特定的仓储控制信息，无须上传该仓储感知信息至用户平台进行决策。仓储管理系统接收到此类仓储感知信息，直接针对存在的仓储问题制定处理方案交由感知控制平台执行，保障突发仓储问题能够得到及时处理。例如，仓储管理系统接收到某一生产设备请求使用库存物料的信息，判断该生产设备需要补充物料，直接下达控制信息将设备所需物料出库并运输至该生产设备，以保障生产的正常运行。

（八）文档管理系统

文档管理系统是用于生产制造过程中文档管理的信息系统，其内部单元包括文档创建单元、文档存储单元、文档检索单元、文档共享单元。文档管理系统的结构如图 5-9 所示。文档创建单元根据文档需求，创建标准化文档。文档存储单元将已创建的文档按照一定的分类存放于数据中心并保障文档存放的安全。文档检索单元通过文档索引系统处理文档查询请求，确保文档使用的方便。文档共享单元支持文档的在线共享和协作编辑，保障文档使用者间的生产协同。文档管理系统对文档创建、存储、检索、共享过程中的文档操作进行全程记录，对同一文档的不同版本进行统一管理。

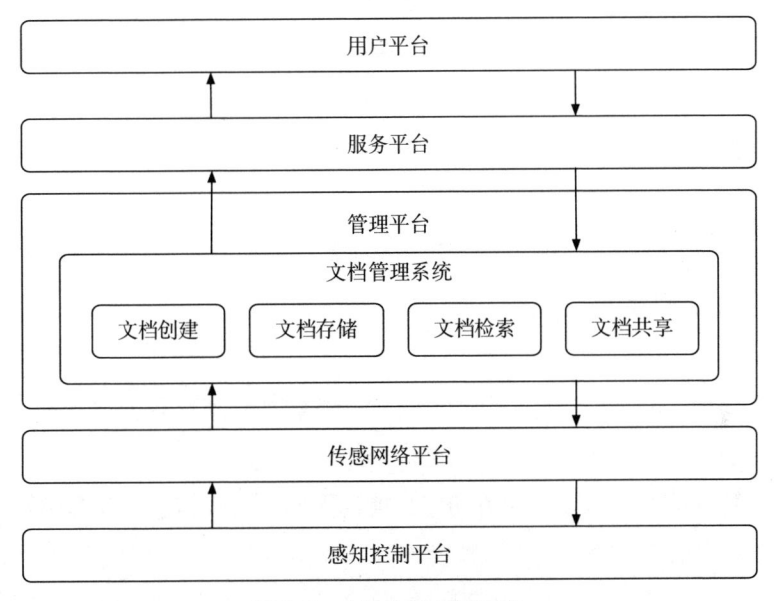

图 5-9　文档管理系统的结构

文档管理系统中运行的感知信息来自感知控制平台。感知控制平台采集与文档相关的感知信息（称为文档感知信息），包括文档名称、文档类别、文档操作记录等。文档感知信息经传感网络平台上传至管理平台的文档管理系统及其他协同文档管理的管理系统（如工艺管理系统、生产管理系统、仓储管理系统）。文档管理系统分析文档感知信息，评估文档存储和使用情况，形成文档管理报告。文档管理系统处理后的文档感知信息经服务平台上传至用户平台。用户平台进行决策后，下达文档控制信息，经服务平台传达至文档管理系统。文档管理系统接收文档控制信息，形成文档创建方案或文档授权方案。文档管理系统处理后的文档控制信息经传感网络平台下达至感知控制平台，感知控制平台按照相应规范为文档创建提供支持或使用文档，以解决文档问题。

文档管理系统可以在用户平台授权范围内，将特定的文档感知信息直接转化为特定的文档控制信息，无须上传该文档感知信息至用户平台进行决策。文档管理系统接收到此类文档感知信息后，直接针对存在的文档问题制定处理方案并交由感知控制平台执行，保障突发文档问题能够得到及时处理。例如，文档管理系统接收到某一生产设备请求查询某一零件工艺路线文档的感知信息，判断该生产设备具备文档查询权限，直接下达控制信息将设备所需文档传输至该生产设备，使该生产设备能够使用文档完成相关事项。

二、信息类型

管理平台的信息运行以管理传感网络平台和感知控制平台、完成产品生产制造为目标，服务平台和传感网络平台之间经由管理平台传输的信息统称为管理信息。根据传输方向与功能的不同，管理信息可分为感知管理信息和控制管理信息，分别支持管理平台感知功能和控制功能的实现。

（一）感知管理信息

感知管理信息是管理平台上传至服务平台的感知信息。感知管理信息直接来源于传感网络平台上传的感知信息，传感网络平台上传的感知信息来源于感知控制平台生成的感知信息。传感网络平台上传的感知信息总量庞大、类型众多，不适用于用户平台对感知控制平台运行状况的直接感知。管理平台基于用户平台的需求，对传感网络平台上传的感知信息进行筛选、分析和整理，将其转化为感知管理信息。感知管理信息总结了感知控制平台设备的生产制造执行情况，生成对感知控制平台运行状态的评估结果，为用户平台的决策提供信息参考。

感知管理信息相较于感知控制平台感知信息，呈现出精简、全面、系统化的特征，将分散的感知控制平台感知信息集中描述为感知控制平台的整体变化趋势。感知管理信息相较于用户感知信息则更为具体，是对物联网运行过程中特定事项的反映。

感知管理信息根据信息内容可分为安全感知管理信息、环境感知管理信息、质量感知管理信息、工艺感知管理信息、生产感知管理信息、设备感知管理信息、仓储感知管理信息、文档感知管理信息等。

安全感知管理信息来源于感知控制平台的安全监测信息。安全感知管理信息的具体内容包括生产过程中的安全标准执行情况、安全事故评估报告、安全风险统计报告等。

环境感知管理信息来源于感知控制平台的环境监测信息。环境感知管理信息的具体内容包括生产过程中的环境标准执行情况、生产环境评估报告、自然环境评估报告等。

质量感知管理信息来源于感知控制平台的质量检测信息。质量感知管理信息的具体内容包括生产过程中的质量标准执行情况、质量异常评估报告、产品良品率、产品返工率等。

工艺感知管理信息来源于感知控制平台的工艺监测信息。工艺感知管理信息的具体内容包括生产过程中的工艺路线执行情况和工艺流程效果评估等。

生产感知管理信息来源于感知控制平台的生产监测信息。生产感知管理信息的具体内容包括设备产能评估报告、生产计划执行情况、生产进度评估报告等。

设备感知管理信息来源于感知控制平台的设备监测信息。设备感知管理信息的具体内容包括设备运行记录、设备稼动率、设备故障率等。

仓储感知管理信息来源于感知控制平台的仓储监测信息。仓储感知管理信息的具体内容包括物料库存统计、物料出入库记录、物料流动路线记录等。

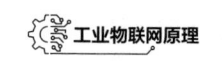

文档感知管理信息来源于感知控制平台的文档记录信息。文档感知管理信息的具体内容包括文档创建记录、文档分类记录、文档使用记录等。

其他感知管理信息可能还包括能源感知管理信息和基础信息感知管理信息等。

（二）控制管理信息

控制管理信息是管理平台下达至感知控制平台的控制信息。控制管理信息的来源有两种。其一，直接来自服务平台下达的控制服务信息，最终来自用户平台下达的用户控制信息。感知控制平台难以直接理解和执行用户控制信息。管理平台在准确理解用户控制信息的基础上，将用户控制信息分解和转化为便于感知控制平台理解和执行的控制管理信息。其二，在用户平台授权的范围内，管理平台将特定的感知管理信息直接转化为特定的控制管理信息，对特定事项进行自行决策并控制感知控制平台执行决策。两种来源的控制管理信息最终都用于满足用户平台对物联网的控制需求。

控制管理信息相较于用户控制信息，呈现出具体、明确、流程化的特征，将抽象、宏观的用户控制信息转化为感知控制平台的生产制造执行规划。控制管理信息相较于感知控制平台的控制信息则更为全面，对感知控制平台中众多设备的生产制造活动进行规范。

控制管理信息根据信息内容可分为安全控制管理信息、环境控制管理信息、质量控制管理信息、工艺控制管理信息、生产控制管理信息、设备控制管理信息、仓储控制管理信息、文档控制管理信息、其他控制管理信息。

安全控制管理信息服务于用户平台的安全控制需求。安全控制管理信息的具体内容包括生产过程中的安全标准体系、安全事故处理方案、安全风险预防方案等。

环境控制管理信息服务于用户平台的环境控制需求。环境控制管理信息的具体内容包括生产过程中的环境标准体系、生产现场规范方案、节能减排实施方案等。

质量控制管理信息服务于用户平台的质量控制需求。质量控制管理信息的具体内容包括生产过程中的质量标准体系、产品质量检测方案、产品质量改进方案等。

工艺控制管理信息服务于用户平台的工艺控制需求。工艺控制管理信息的具体内容包括工艺流程执行方案和工艺路线优化方案等。

生产控制管理信息服务于用户平台的生产控制需求。生产控制管理信息的具体内容包括生产计划、生产作业指令、生产计划调整方案等。

设备控制管理信息服务于用户平台的设备控制需求。设备控制管理信息的具体内容包括设备操作指令、设备维修指令、设备保养方案等。

仓储控制管理信息服务于用户平台的仓储控制需求。仓储控制管理信息的具体内容包括物料库存规划、物料出入库指令、物料运输方案等。

文档控制管理信息服务于用户平台的文档控制需求。文档控制管理信息的具体内容包括文档标准体系、文档操作权限、文档索引方案等。

其他控制管理信息还包括能源控制管理信息、基础信息控制管理信息等。

三、信息运行

管理平台的感知管理信息和控制管理信息以管理平台的各信息系统为框架，以管理平台物理实体为载体，在智能制造工业物联网中运行。管理平台的信息运行呈现出3种状态：管理平台参与的信息运行大闭环、管理平台控制的信息运行小闭环、管理平台信息运行内闭环。

（一）管理平台参与的信息运行大闭环

大闭环运行是用户平台主导、全平台参与的信息闭环运行方式。用户平台基于自身需求对信息运行大闭环进行控制，管理平台参与信息运行大闭环，接受用户平台主导，以满足用户平台需求。管理平台参与的信息运行大闭环强调服务平台在信息运行大闭环中的参与性作用。管理平台参与的信息运行大闭环的整体结构如图5-10所示。管理平台的参与性作用主要包含两个方面：将感知控制平台的感知信息转化并上传至用户平台；将用户平台的控制信息转化并下达至感知控制平台。

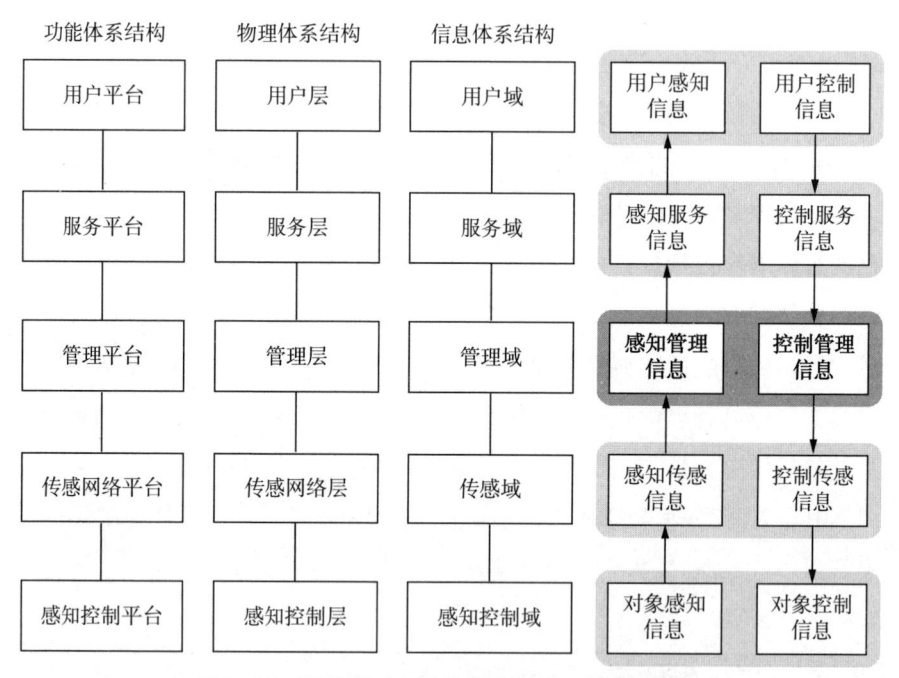

图5-10 管理平台参与的信息运行大闭环的整体结构

用户平台主导着信息运行大闭环。感知控制平台是信息运行大闭环中的感知信息的来源和控制信息的执行者。用户平台与感知控制平台的信息内容和信息格式差异较大，难以直接进行信息交互。管理平台能够理解用户平台的控制信息，分析感知控制平台的感知信息，帮助用户平台实现对感知控制平台的感知与控制。

管理平台对感知信息的处理和传输，属于从感知控制平台到用户平台的信息向上传输的一环。对象感知信息在感知控制平台处生成，经传感网络平台向上传输至管理平台。管理平台基于用户平台需求，对接收到的感知信息进行汇总、筛选、分析等处理，将繁杂的生产状态监测数据转化为简明的生产状态评估结果，生成感知管理信息。管理平台将感知管理信息经服务平台向上传输至用户平台。用户平台将接收到的感知服务信息转化为用户感知信息，并基于感知信息进行决策。管理平台负责保障用户平台对感知控制平台的感知效果。

管理平台对控制信息的处理和传输，属于从用户平台到感知控制平台的信息向下传输的一环。用户控制信息在用户平台处生成，经服务平台向下传输至管理平台。管理平台基于用户平台需求，对接收到的控制信息进行分析、分解、细化等处理，将抽象的生产制造整体目标转化为具体的生产制造执行方案，生成控制管理信息。管理平台将控制传感管理信息经传感网络平台向下传输至感知控制平台。感知控制平台将接收到的控制传感信息转化为对象控制信息，执行生产制造。管理平台负责保障用户平台对感知控制平台的控制效果。

（二）管理平台控制的信息运行小闭环

"管理平台控制的信息运行小闭环"是管理平台在用户平台的授权下，将特定感知管理信息不经过用户平台直接转化为特定控制管理信息，代用户平台控制传感网络平台和感知控制平台的信息运行闭环。管理平台、传感网络平台、感知控制平台直接参与信息的运行，感知信息和控制信息的运行路径分别在感知控制平台和管理平台首尾相接，形成小闭环，如图 5-11 所示。

管理平台得到用户平台的此类授权需要满足一定的条件：其一，用户平台基于自身需求和判断，确定特定事项需要由管理平台进行全权管理；其二，用户平台确认管理平台具备对特定信息的自行决策能力；其三，用户平台判断自身计划安排与此授权不冲突。

在管理平台控制的信息运行小闭环中，对象感知信息在感知控制平台处生成，经传感网络平台向上传输至管理平台。此时，管理平台需要在用户平台授权范围内对信息进行处理，判断是否需要用户平台进行决策：对于必须由用户平台进行决策的信息，管理平台需要将其转化为感知管理信息，并向上传输至用户平台，不应过度理解或加工，这时信息运行小闭环方式经过用户平台的再次授权后可以和信息运行大闭环方式进行动态转换；对于自身能够进行决策的信息，管理平台将其直接转化为控制管理信息，并向下传输至传感网络平台。传感网络平台将控制信息向下传输至感知控制平台。最终，感知控制平台将接收到的控制信息转化为对象控制信息，形成闭环。

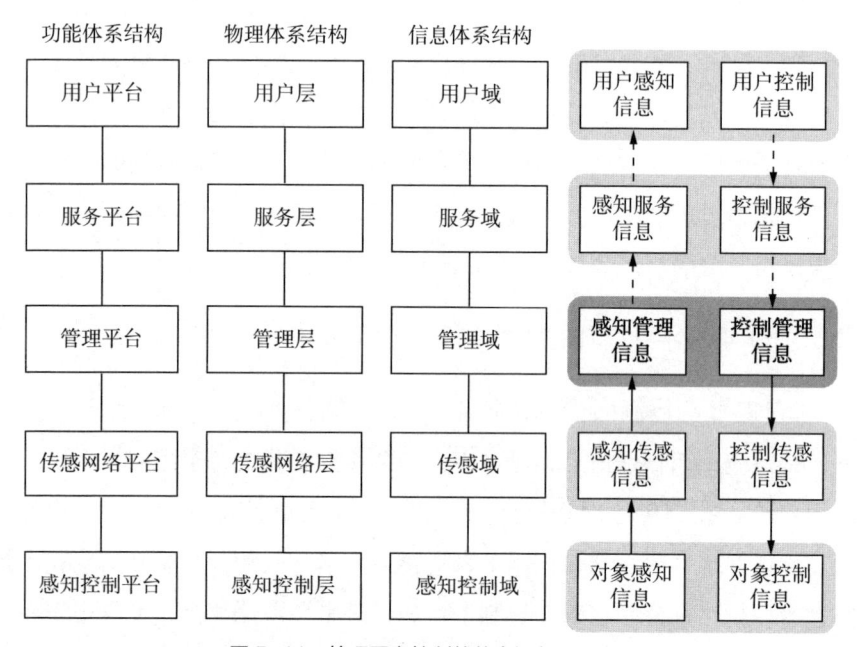

图 5-11　管理平台控制的信息运行小闭环

（三）管理平台信息运行内闭环

管理平台参与的信息运行大闭环方式和管理平台控制的信息运行小闭环方式是管理平台与外部平台共同组成的信息运行闭环方式，与其他平台之间存在信息交互。管理平台的内闭环信息运行仅在管理平台内部运行，不与外部平台产生信息交互。

管理平台通过信息运行内闭环进行自我管理，发挥自身功能。管理平台向下进行管理，向上提供服务，其内部的信息运行也呈现出一个完整的物联网结构，如图 5-12 所示。管理平台的信息处理在其信息运行内闭环中完成。通过管理平台信息运行内闭环，传感网络平台上传的感知信息转化为感知管理信息，服务平台下达的控制信息转化为控制管理信息。在得到用户平台授权的情况下，特定感知管理信息向特定控制管理信息的直接转化，也是通过管理平台信息运行内闭环完成。管理平台通过信息运行内闭环为用户平台提供管理服务，参与智能制造工业物联网信息运行大闭环中，满足用户平台的需求。

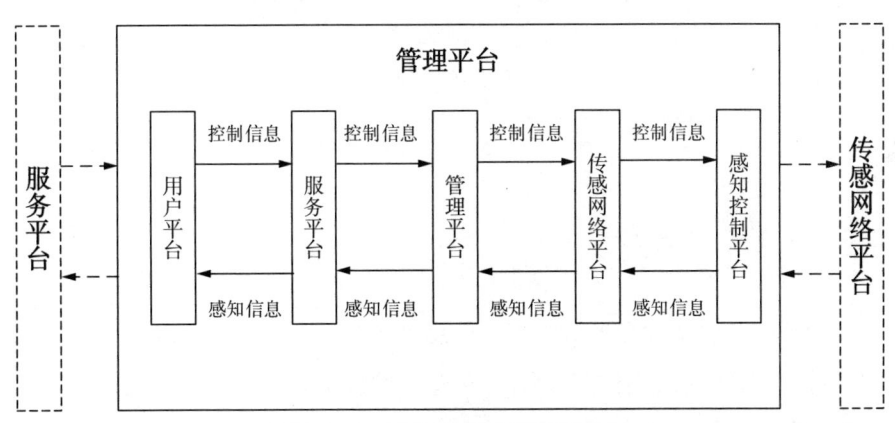

图 5-12 管理平台信息运行内闭环

第三节
管理平台的物理体系

在智能制造工业物联网中，管理平台实现自身功能需要相应物理实体的支撑。这些物理实体构成了管理平台的物理体系，如图 5-13 所示。管理平台的物理实体与服务平台和传感网络平台的物理实体进行直接交互，间接为用户平台提供服务。根据细分功能的不同，管理平台的物理实体可分为管理服务器和管理交互设备两类。

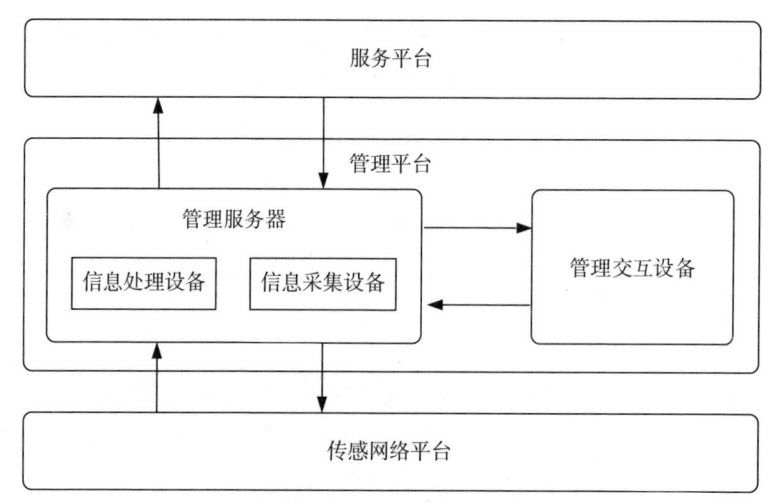

```
┌─────────────────────────────────────────┐
│              服务平台                    │
└─────────────────────────────────────────┘
              ↑ ↓
┌─────────────────────────────────────────┐
│              管理平台                    │
│  ┌─────────────────────┐                │
│  │    管理服务器        │  ┌──────────┐  │
│  │ ┌────────┐┌────────┐│→ │          │  │
│  │ │信息处理││信息采集│ │  │管理交互设备│ │
│  │ │ 设备  ││ 设备  │ │← │          │  │
│  │ └────────┘└────────┘│  └──────────┘  │
│  └─────────────────────┘                │
└─────────────────────────────────────────┘
              ↑ ↓
┌─────────────────────────────────────────┐
│             传感网络平台                 │
└─────────────────────────────────────────┘
```

图 5-13 管理平台的物理体系

一、管理服务器

　　管理服务器是管理平台中用于信息处理和平台间信息传输的设备。管理平台的信息经由数据中心处理和传输，数据中心搭载在管理服务器上。管理服务器提供大容量的存储空间，能够实现智能制造工业物联网运行中的海量数据存储；管理服务器集成了大量的软硬件资源，能够对感知控制平台采集上传的数据进行处理，生成可用信息以供用户平台使用；管理服务器具备信息通信功能，可实现信息在服务平台和传感网络平台之间的信息传输。

　　管理服务器由信息处理模块、信息存储模块、信息传输模块构成，各模块协同作用，共同支持管理平台的信息运行，实现管理服务器的功能。信息处理模块用于管理平台的信息处理，具备强大的计算能力。信息处理模块对接收到的感知信息进行分析、统计、判断、决策等操作，过滤无用信息、分类信息内容、提炼关键信息，生成精简、明确、直观的感知管理信息。信息存储模块用于管理平台的信息存储，具备强大的存储能力。信息存储模块将信息按一定标准进行分类存储。信息存储模块中存储的信息包括管理平台接收但还未处理的信息，以及管理平台处理后还未传输至其他平台的信息。信息传输模块用于管理平台的信息传输，具备一定的通信能力。信息传输模块接收服务平台和传感网络平台传输至管理平台的信息，并将管理平台处理后的信息传输至服务平台和传感网络平台。

管理服务器通常由信息传输模块接收信息并传输至信息处理模块进行信息处理，信息处理模块将信息处理完毕后经信息传输模块传输至信息存储模块进行存储，并将处理的信息向上传输至用户平台决策或向下传输至感知控制平台执行。信息处理模块、信息存储模块、信息传输模块按统一规格组合为管理服务器，以确保信息在3个模块之间的标准化运行。

二、管理交互设备

管理交互设备是管理平台中的管理者与管理服务器进行交互的中介设备。管理交互设备呈现管理信息，提供不同的管理操作选项，使管理者能够实时监测和控制感知控制平台的生产情况。根据应用范围的差异，管理交互设备分为通用型管理交互设备和专用型管理交互设备。

通用型管理交互设备是一种多功能的、适用于广泛应用场景的管理交互设备，能够提供基本的信息交互功能。通用型管理交互设备具有操作简单、便捷性高、适应性强的特点。此类管理交互设备界面设计直观，操作逻辑简单，适合不同情况的管理者的使用；通常为移动设备形式，方便管理者随时随地进行操作；支持多种管理功能，如数据查看、报告生成、直接控制等。通用型管理交互设备适用于大部分的生产制造场景。

专用型管理交互设备是一种针对特定应用场景或专业需求的管理交互设备，能够提供高度专业化和定制化的管理功能。专用型管理交互设备具有专业性强、可靠性高、定制化程度高的特点。此类管理交互设备界面和功能设计高度专业化，适用于特定的生产制造场景；针对特定生产制造场景的现场条件进行专门优化，保障其在部分极端条件下的可靠性；根据具体的管理需求进行定制化设计，以完成特定的生产制造管理任务。

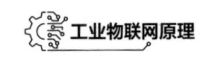

通用型管理交互设备和专用型管理交互设备协同运行，共同支持管理者与管理服务器的交互。管理交互设备与管理服务器协同保障管理平台的信息运行，帮助管理平台实现自身功能，保障智能制造工业物联网的良好运行。

Chapter 6
第六章

智能制造工业物联网传感网络平台

传感网络平台连接管理平台和感知控制平台，实现二者之间的传感通信。传感网络平台在管理平台的管理下，上传感知控制平台的感知信息，下达管理平台的控制信息。本章将从功能体系、信息体系、物理体系 3 个角度阐述传感网络平台的功能表现、信息运行、物理实体形式。

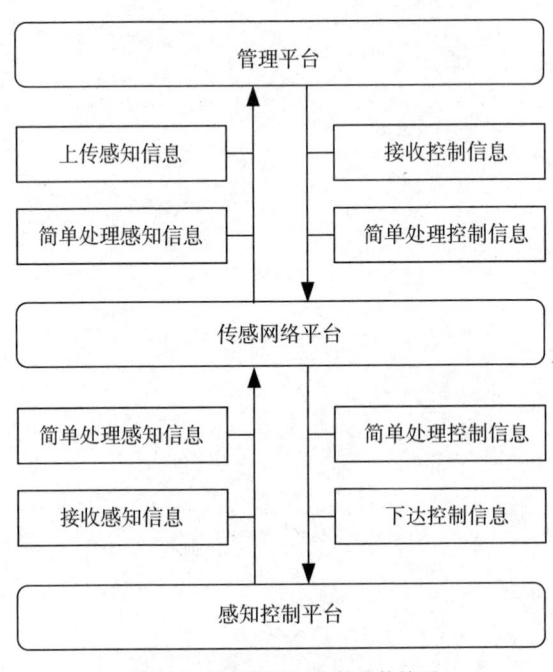

第一节
传感网络平台的功能体系

在智能制造工业物联网中，传感网络平台通过发挥自身功能，帮助管理平台感知和控制感知控制平台，以满足用户平台的需求。在这一过程中，传感网络平台的功能包括两种类型：传输信息和简单处理信息，二者共同构成了传感网络平台的功能体系，如图 6-1 所示。

图 6-1 传感网络平台的功能体系

一、传输信息

在智能制造工业物联网中，传感网络平台的信息传输功能是指，传感网络平台完整和准确地理解管理平台和感知控制平台发出的信息，运用自身的传感通信能力，使管理平台能够和感知控制平台进行信息交互。传感网络平台接收并上传感知控制平台向上传递的感知信息，接收并下达管理平台向下传递的控制信息。

（一）上传感知信息

在智能制造工业物联网中，管理平台通过接收感知信息了解感知控制平台的运行状况。管理平台接收的感知信息来自感知控制平台。感知控制平台上对象众多，不便与管理平台直接交互。传感网络平台在管理平台和感知控制平台之间建立通信通道，提供通信网络，实现二者的间接交互，将感知控制平台的感知信息上传至管理平台。

传感网络平台将感知控制平台上传的感知信息转化为感知传感信息后上传。感知控制平台在生产中采集大量数据，生成感知信息并将其上传至传感网络平台。传感网络平台处理接收到的感知信息，将其转译为管理平台可理解的信息形式，上传至管理平台。管理平台通过传感网络平台上传的感知信息了解感知控制平台的生产执行情况，对感知控制平台进行管理，满足用户平台需求。

（二）下达控制信息

在智能制造工业物联网中，管理平台通过下达控制信息控制感知控制平台的运行。感知控制平台无法直接接收和理解管理平台下达的控制信息，传感网络平台在管理平台和感知控制平台之间进行传感通信，将管理平台发出的控制信息下达至感知控制平台。

管理平台根据用户平台需求和决策生成控制信息，主要包括生产线和设备的具体生产计划，并将其传输至传感网络平台。传感网络平台转译接收到的控制信息，生成感知控制平台可理解的控制信息，下达至感知控制平台的对应设备，使感知控制平台设备执行具体操作，完成管理平台制定的生产计划，满足用户平台需求。

二、简单处理信息

智能制造工业物联网的不同平台对信息的处理各有侧重。管理平台汇总和分析信息，感知控制平台采集和执行信息，两个平台的信息形式不同。传感网络平台处理管理平台和感知控制平台之间传输的信息，确保管理平台和感知控制平台能够通过传感网络平台的处理理解不同形式的信息。传感网络平台对信息仅作简单处理，如对信息进行汇总、分类、转译，不更改信息内容。

传感网络平台位于管理平台和感知控制平台之间。管理平台接收用户平台抽象概括的控制信息，并转化为执行指令，执行指令是更为详细的生产计划。感知控制平台无法直接理解生产计划并执行管理平台的指令，需要由传感网络平台将执行指令转译为感知控制平台能够理解的控制信息。感知控制平台相应设备接收控制信息并细化为具体操作，开始生产制造。

感知控制平台从信息体采集数据，生成感知信息。感知控制平台生成的感知信息数量庞大，种类繁多，管理平台无法直接理解并处理。传感网络平台将全部感知信息汇总，在不改变信息内容的前提下对信息进行简单处理，将其转译为管理平台能够理解的感知信息。传感网络平台处理后的感知信息条理清晰，分类明确，便于管理平台的理解和处理。

在用户授权下，传感网络平台可以不上传接收到的特定感知信息，直接将其转化为特定控制信息，下达至感知控制平台执行。这类信息通常为处理流程具有高度重复性或相似性的信息，用户平台将其处理流程作为预设方案存储在传感网络平台，传感网络平台根据预设方案直接处理特定信息，保障感知控制平台接收信息的效率，分担用户平台和管理平台的信息负载。

第二节
传感网络平台的信息体系

在智能制造工业物联网中,传感网络平台的功能实现需要信息和物理实体两大要素。传感网络平台信息在传感网络平台物理实体上的运行表现为传感网络平台的功能。传感网络平台的信息运行在用户平台主导和管理平台管理下进行,实现管理平台与感知控制平台之间的传感通信。传感网络平台的信息体系包括三方面的内容:信息系统、信息类型和信息运行。

一、信息系统

传感网络平台的信息系统分为网络通信系统和信息协议系统。在传感网络平台中,网络通信系统是感知信息上传和控制信息下达的运行框架,信息协议系统是信息转译、整理、预案执行的运行框架。传感网络平台信息系统的结构如图 6-2 所示。

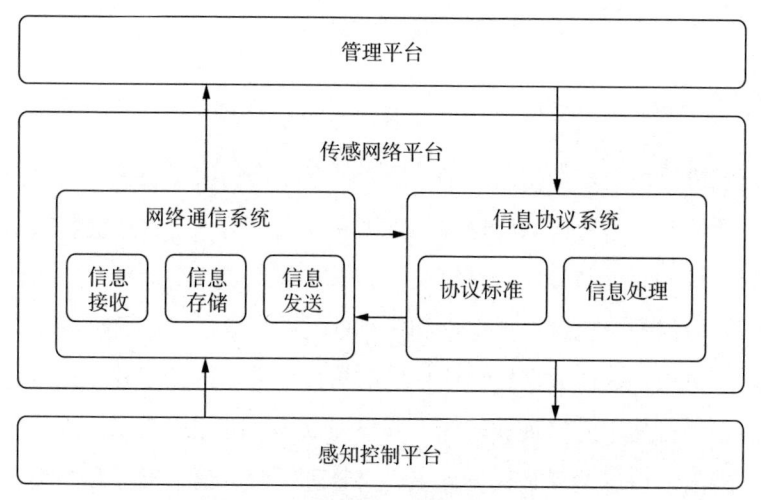

图 6-2 传感网络平台信息系统的结构

（一）网络通信系统

网络通信系统是利用通信网络实现管理平台与感知控制平台的传感通信的信息系统。网络通信系统与管理平台的信息系统和感知控制平台的信息系统相连接。

网络通信系统包含信息接收单元、信息存储单元、信息发送单元。信息接收单元接收来自感知控制平台的感知信息和来自管理平台的控制信息。信息存储单元暂时存储已接收待处理的信息和处理后待发送的信息。信息发送单元将本平台生成的感知信息向管理平台发送，将本平台生成的控制信息向感知控制平台发送。

在智能制造工业物联网中，感知控制平台生成的感知信息经传感网络平台上传至管理平台，传感网络平台的网络通信系统接收感知信息，将暂时不处理的信息存储在信息存储单元中，将需要处理的信息发送至信息协议系统，将信息处理为管理平台能够理解的形式。处理后的感知信息根据协议标准从传感网络平台发送至管理平台。管理平台生成的控制信息经传感网络平台下达至感知控制平台，网络通信系统接收控制信息，将暂不处理的信息存储在信息存储单元中，将需要处理的信息发送至信息协议系统，将信息处理为感知控制平台能够理解的形式。处理后的控制信息根据协议标准从传感网络平台发送至感知控制平台。

（二）信息协议系统

信息协议系统是传感网络平台用于信息处理的信息系统。信息协议系统包含通信双方进行通信所遵守的规则和约定。信息协议系统与网络通信系统相连接，通过网络通信系统接收和发送信息。

信息协议系统包含协议标准和信息处理两个单元。协议标准单元存储各种网络协议，提供数据转译所依照的执行标准。信息处理单元对平台接收的数据进行简单的整理和转译，并根据预案处理相应信息，使信息更为有序、精简。信息整理是根据需求，将管理平台的信息拆分和归类，将感知控制平台的信息汇总和分类。数据转译是根据协议标准，将管理平台的控制信息转译为感知控制平台能够理解的形式，将感知控制平台的感知信息转译为管理平台能够理解的形式。预案处理是传感网络平台根据高度重复或类似的处理流程形成的预案，自行处理特定的感知信息，感知信息不向上传输，直接转化为特定的控制信息。

信息协议系统的信息处理方式有两种：一是网络通信系统沟通管理平台和感知控制平台，信息协议系统将处理后的感知信息通过网络通信系统上传至管理平台，感知信息向控制信息的转化在管理平台、服务平台或用户平台中完成，信息协议系统接收并处理来自管理平台的控制信息，将处理后的控制信息通过网络通信系统下达至感知控制平台；二是信息协议系统在用户平台授权下自行决策，接收到特定感知信息后，不再将其上传至管理平台，而是直接对信息进行处理，将其转化为特定控制信息，并通过网络通信系统下达至感知控制平台。

二、信息类型

传感网络平台的信息运行在管理平台和感知控制平台建立传感通信，管理平台和感知控制平台之间经由传感网络平台传输的信息统称为传感信息。根据传输方向与功能的差异，传感信息可分为感知传感信息和控制传感信息。

（一）感知传感信息

感知传感信息由传感网络平台接收的感知控制平台的感知信息转化而来。感知控制平台从信息体采集生成感知信息并上传，传感网络平台处理接收的感知信息，生成感知传感信息，感知传感信息是管理平台能够理解的信息，管理平台能够通过感知传感信息全面了解感知控制平台的运行情况。在用户平台的授权下，特定的感知传感信息无须向管理平台上传，可在传感网络平台内直接转化为特定控制信息。

感知控制平台上传的感知信息庞杂无序，经过传感网络平台处理后，转化为各类感知传感信息。感知传感信息相比于感知控制平台感知信息总量精简，变得集中、有序，可直接被管理平台理解，与相应的信息管理系统直接对接。在智能制造工业物联网中，感知传感信息包括环境感知传感信息、设备感知传感信息、质量感知传感信息等。其中，环境感知传感信息包括环境温湿度、粉尘浓度、废弃物排放量等；设备感知传感信息包括设备运行参数、设备健康状态、设备工作温度等；质量感知传感信息包括产品表面图像、产品压力测试结果、产品气密性测试结果等。

（二）控制传感信息

控制传感信息的来源有两种。一是由传感网络平台接收的管理平台的控制管理信息转化而来。控制管理信息包含具体生产计划和控制指令，感知控制平台无法直接理解控制管理信息，需要传感网络平台进行数据转译，生成控制传感信息，发送至感知控制平台，使感知控制平台能够根据控制传感信息执行实际操作。二是直接由传感网络平台中特定的感知传感信息转化而来。在用户平台授权下，传感网络平台可自行处理特定的感知传感信息，完成决策，生成控制传感信息，下达至感知控制平台执行。

控制传感信息是对控制管理信息的转译，控制管理信息对感知控制平台的生产任务进行安排，传感网络平台将管理平台的生产计划转译为感知控制平台可以理解的生产安排，使感知控制平台能够将生产计划细化为具体操作。控制传感信息与相应的感知控制平台设备直接对接。在智能制造工业物联网中，控制传感信息包括位置控制传感信息、压力控制传感信息、流量控制传感信息等。其中，位置控制传感信息包括设备摆放位置、刀具给进路径、在制品移动路线等；压力控制传感信息包括各种零件承受的力量；流量控制传感信息包括液体或气体在管道中的流动速度、阀门开合情况、泵的转速等。

三、信息运行

传感网络平台的感知传感信息和控制传感信息以网络通信系统和信息协议系统为框架，以传感网络平台物理实体为载体，在智能制造工业物联网中运行。传感网络平台的信息运行呈现出 3 种状态：传感网络平台参与的信息运行大闭环、传感网络平台控制的信息运行小闭环、传感网络平台信息运行内闭环。

（一）传感网络平台参与的信息运行大闭环

在智能制造工业物联网中，用户平台基于自身需求对信息运行大闭环进行控制，传感网络平台参与信息运行大闭环，接受用户平台主导，以满足用户平台的需求。传感网络平台参与的信息运行大闭环强调传感网络平台在信息运行大闭环中的参与性作用。传感网络平台参与的信息运行大闭环的整体结构如图 6-3 所示。传感网络平台的参与性作用主要包含两个方面：负责从感知控制平台到管理平台的信息向上传输；负责从管理平台到感知控制平台的信息向下传输。

传感网络平台在信息运行大闭环中与管理平台和感知控制平台直接相连，提供二者之间的传感通信。感知控制平台生成的对象感知信息包含设备和生产线生产制造的全面情况。传感网络平台接收到对象感知信息，经过理解、分析并转译，生成感知传感信息。管理平台接收感知传感信息并分析处理，可以全面了解感知控制平台设备和生产线的生产状态。管理平台将接收的感知传感信息经数据中心导入相应信息管理系统，加工处理后生成生产执行各方面的总体情况，经服务平台传输给用户平台决策，完成信息运行大闭环的向上运行全过程。在这一过程中，传感网络平台负责保障管理平台与感知控制平台之间的感知信息通信效果。

用户平台决策生成用户控制信息，确立整个物联网运行的总体规划。用户控制信息经服务平台下达管理平台，生成控制管理信息，控制管理信息是管理平台根据用户决策制定的对感知控制平台设备的控制指令。传感网络平台接收到控制管理信息，经过理解、分析并转译，生成控制传感信息，使感知控制平台可以理解管理平台的控制指令。感知控制平台接收到控制传感信息，将控制指令转化为具体操作，生成对象控制信息传输至信息体，相应设备开始执行操作，完成信息运行大闭环信息的向下运行全过程。在这一过程中，传感网络平台负责保障管理平台与感知控制平台之间的控制信息通信效果。

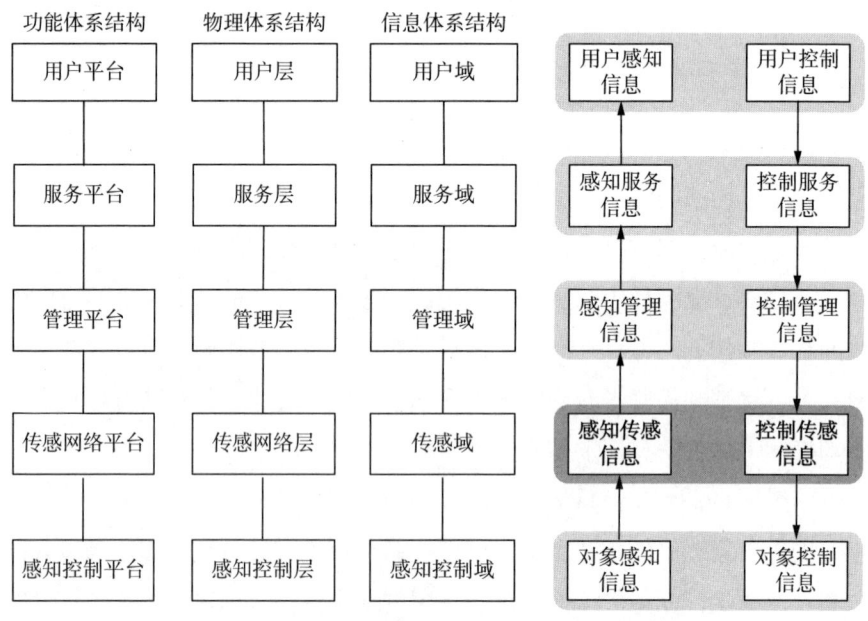

图 6-3　传感网络平台参与的信息运行大闭环整体结构

（二）传感网络平台控制的信息运行小闭环

"传感网络平台控制的信息运行小闭环"，是传感网络平台在用户平台的授权下，将特定感知传感信息不经过用户平台直接转化为特定控制传感信息，代用户平台控制感知控制平台的信息运行闭环。传感网络平台和感知控制平台直接参与信息的运行，感知信息和控制信息的运行路径分别在感知控制平台和传感网络平台首尾相接，形成小闭环，如图 6-4 所示。

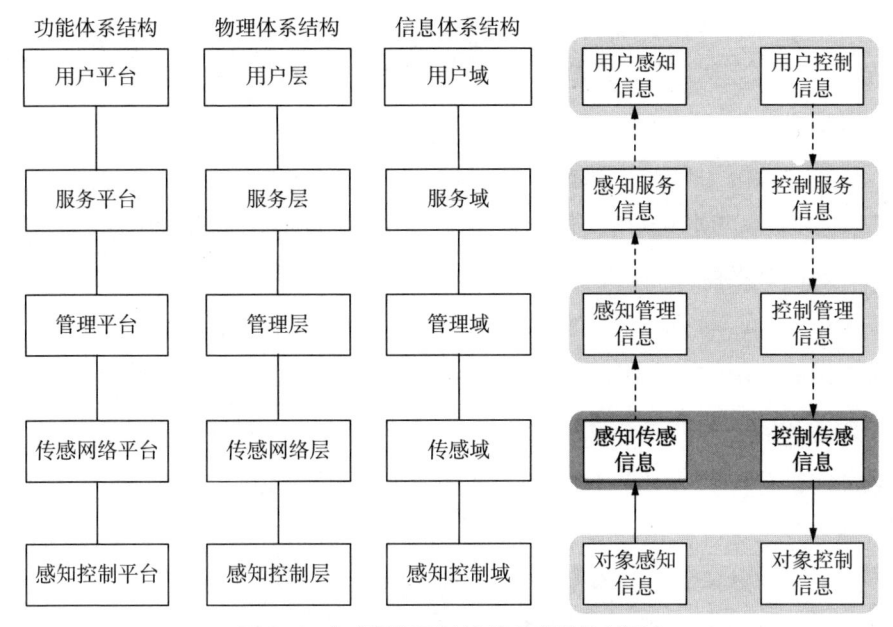

图 6-4　传感网络平台控制的信息运行小闭环

用户平台授权传感网络平台自行决策需满足以下条件：其一，用户平台基于自身需求和判断，确认感知控制平台需要传感网络平台进行感知和控制；其二，用户平台确认传感网络平台具备相应的信息处理能力；其三，用户平台判断自身计划安排与此授权不冲突。

在传感网络平台控制的信息运行小闭环中，感知控制平台的对象感知信息上传至传感网络平台，生成感知传感信息，传感网络平台判断感知传感信息是否需要继续向上传输，最终由用户平台决策。若该感知传感信息为用户平台授权可自行处理的特定感知传感信息，传感网络平台不向管理平台传输，根据预设方案自行决策，生成控制传感信息并传输至感知控制平台。感知控制平台接收并处理控制传感信息，生成对象控制信息，形成信息运行小闭环。

（三）传感网络平台信息运行内闭环

传感网络平台参与的信息运行大闭环方式和传感网络平台控制的信息

运行小闭环方式是传感网络平台与其他平台共同组成的信息运行闭环方式，与其他平台之间存在信息交互。传感网络平台的内闭环信息运行存在于其平台内部，不与其他平台进行信息传输。

传感网络平台通过信息运行内闭环进行自我管理，发挥自身功能。在智能制造工业物联网中，传感网络平台对外沟通管理平台和感知控制平台，对内管理内部的通信网络和信息协议，其内部的信息运行也呈现出一个完整的物联网结构，如图6-5所示。传感网络平台的信息处理在其信息运行内闭环中完成。通过传感网络平台信息运行内闭环，感知控制平台上传的感知信息转化为感知管理信息，管理平台下达的控制信息转化为控制管理信息。在得到用户平台授权的情况下，特定感知传感信息向特定控制传感信息的直接转化，也是通过传感网络平台信息运行内闭环完成。传感网络平台通过信息运行内闭环，参与到智能制造工业物联网信息运行大闭环中，间接为用户平台提供服务，满足用户平台的需求。

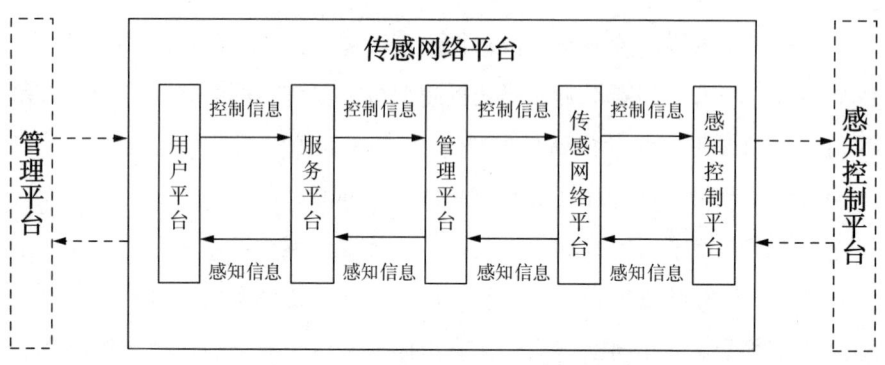

图 6-5 传感网络平台信息运行内闭环

第三节
传感网络平台的物理体系

在智能制造工业物联网中，传感网络平台实现自身功能需要相应物理实体的支撑。这些物理实体构成了传感网络平台的物理体系，如图6-6所示。传感网络平台的物理实体在管理平台和感知控制平台之间进行信息传输，间接为用户平台提供服务。根据细分功能的不同，传感网络平台的物理实体可分为传感网络平台数据传输设备和传感网络平台数据处理设备两大类。

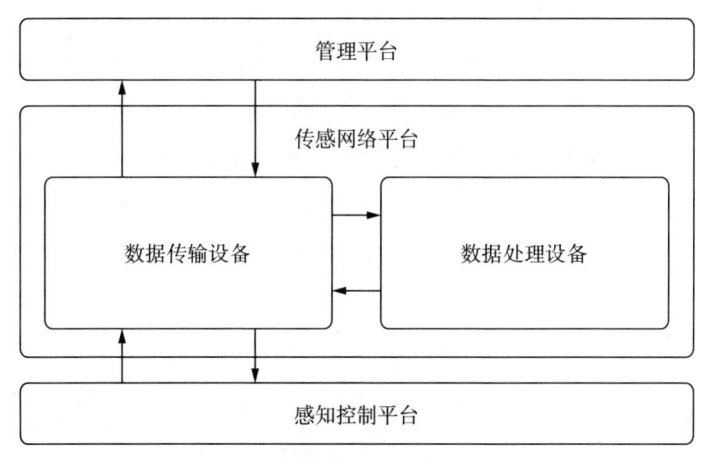

图 6-6　传感网络平台的物理体系

一、传感网络平台数据传输设备

传感网络平台数据传输设备是传感网络平台用以传输数据的物理载体。数据传输设备由数据输入、数据输出、数据存储 3 个模块构成，为信息在管理平台和感知控制平台之间的传输提供传输通道，实现两个平台之间的信息交互。数据传输设备的数据输入模块负责接收输入的数据并发送给数据存储模块。数据存储模块负责存储等待处理或传输的数据，保障数据的完整性和数据传输通道的畅通。数据输出模块负责将处理好的数据汇总或分散，输出至管理平台或感知控制平台。

感知控制平台的设备和生产线在生产过程中实时产生大量数据，感知控制平台对数据进行采集和处理，生成感知数据并上传至传感网络平台。传感网络平台数据传输设备的数据输入模块接收感知数据，发送至数据存储模块暂存，等待数据处理设备的处理。数据输出模块将处理好的数据汇总，输出至管理平台的数据中心。

管理平台生成的控制信息从数据中心发出，传输至传感网络平台数据传输设备的输入模块，输入模块将数据发送至存储模块暂存，等待数据处理设备的处理。数据处理设备处理完毕的数据由数据输出模块分散和对接，输出至相应的感知控制平台设备和生产线。

数据传输设备可按传输介质分为有线数据传输设备和无线数据传输设备。有线数据传输设备的特点是数据传输稳定、传输速度高。无线数据传输设备的特点是数据传输便捷、灵活、可传输范围广。

二、传感网络平台数据处理设备

传感网络平台数据处理设备是传感网络平台用以处理数据的物理载体。数据处理设备与数据传输设备协同，实现传感网络平台的传感通信功能，保障管理平台和感知控制平台之间的信息传输。数据处理设备由网络协议和信息处理两个模块构成。网络协议模块提供各种数据格式转换的标准协议，使传感网络平台能够理解管理平台和感知控制平台的不同信息形式。信息处理模块根据网络协议模块提供的协议标准，可以将管理平台和感知控制平台的信息相互转译，解决两平台之间的信息形式差异导致的通信问题。

数据传输设备将接收和存储的来自感知控制平台的感知信息传输至数据处理设备，数据转译模块按协议标准将感知信息转译为管理平台可理解的形式，发送至数据传输设备，最终输出至管理平台的数据中心。

数据传输设备将接收和存储的来自管理平台的控制信息传输至数据处理设备，数据转译模块按协议标准将控制信息转译为感知控制平台可理解的形式，发送至数据传输设备，最终输出至感知控制平台的设备。

根据发挥传感网络平台功能的数据处理设备所在的平台，可以将其分为两种类型：一是专门的数据处理设备，它位于传感网络平台，在传感网络平台部署和运行，具备足够的性能和稳定性，能够持续可靠地进行信息处理；二是临时数据处理设备，它位于管理平台或感知控制平台，具备信息处理功能，在特殊情况下，可临时代为发挥传感网络平台的作用，进行信息处理。

Chapter 7 第七章

智能制造工业物联网感知控制平台

在智能制造工业物联网中，感知控制平台和用户平台分别位于物联网的两端，用户平台最终通过感知控制平台感知和控制信息体。感知控制平台是物联网中感知信息传输的起点和控制信息传输的终点。感知控制平台实施生产制造活动，通过传感网络平台、管理平台、服务平台将自身提供的服务传递至用户平台。本章将从感知控制平台的功能体系、信息体系、物理体系3个角度阐述感知控制平台的功能表现、信息运行、物理实体形式。

第一节 感知控制平台的功能体系

感知控制平台是用户平台所下达控制信息的最终执行者。感知控制平台以用户平台需求为主导，接受管理平台的管理，执行生产制造指令，满足用户平台的需求。在智能制造工业物联网中，感知控制平台的功能表现为智能感知和智能控制，二者共同构成感知控制平台的功能体系，如图7-1所示。

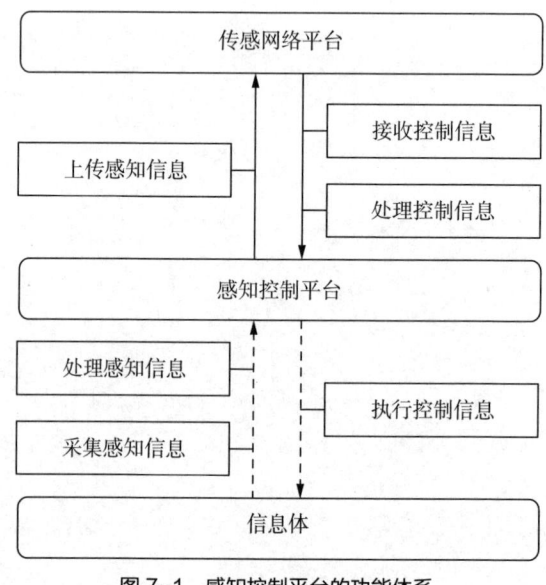

图7-1 感知控制平台的功能体系

一、智能感知

感知控制平台的智能感知是感知控制平台获取和生成感知信息的过程。感知控制平台通过智能感知获取本平台的生产制造情况，为用户平台的决策和管理平台的管理提供信息支持。智能感知包括两个环节：信息采集和信息处理。

（一）信息采集

信息采集是指，感知控制平台在生产过程中通过感知单元从感知控制平台设备自身或信息体（原材料、在制品、成品）获取信息，并将获取到的信息转化为平台内运行信息。

感知控制平台的感知单元是感知控制平台中进行信号转化的功能单元，它将感知控制平台设备或信息体的物理信号转化为描述设备或信息体状态的信号。感知控制平台设备和信息体都是感知单元的感知对象。感知单元对感知控制平台设备状态的感知是感知控制平台内部的信息交互。感知单元对信息体状态的感知是感知控制平台与外界的信息交互。在管理平台的分类下，感知控制平台所采集的信息可分为安全、环境、质量、工艺、生产、设备、仓储、文档等类别。

信息采集以用户平台的需求为主导，在管理平台的管理下进行。信息采集方式包括直接采集和间接采集。直接采集是感知控制平台直接通过感知单元，获取并转化感知控制平台设备的状态信息和信息体的自然属性信息的过程。间接采集是感知控制平台通过设备控制单元对设备本身或信息体发出控制信息，使设备本身或信息体发生改变，获取并转化改变后的感知控制平台设备的状态信息和信息体的自然属性信息的过程。

感知控制平台通过信息采集能够及时准确地反馈感知控制平台设备和信息体的状态，使用户平台和管理平台能够全面把握生产制造的实施情况，对生产制造活动进行调控，保障生产制造活动的顺利完成，满足用户平台的需求。

（二）信息处理

信息处理是感知控制平台将感知单元采集的信息转化为传感网络平台能够理解信息的过程。

感知控制平台从信息体采集的信息种类繁杂、数量庞大、排布混乱，不便于传感网络平台对信息的接收和处理。在将信息传输至传感网络平台之前，感知控制平台先对信息进行简单处理，将分散杂乱的信息整合转化为传感网络平台能够理解的信息。信息处理包括信息存储、信息整理、信息转化3个环节。

信息存储是感知控制平台对采集的信息进行的短时存储，以便后续的信息整理与信息转化能够调取所需信息。信息整理是感知控制平台对所存储信息进行的整理，使杂乱的信息变得有序，以便于后续转化。信息转化是感知控制平台将整理后的信息统一转化为传感网络平台能够识别的格式，以方便传感网络平台对信息的接收和处理。

感知控制平台通过信息处理能够确保其上传的感知信息的质量，为智能制造工业物联网信息运行提供有序、准确、及时、完整的信息来源，间接保障管理平台的管理效率与用户平台的决策效率。

二、智能控制

感知控制平台的智能控制是感知控制平台执行控制指令的过程。感知控制平台执行接收到的控制指令，使生产设备和信息体的状态发生变化，完成产品的生产制造。智能控制包括两个环节：指令接收和指令执行。

（一）指令接收

指令接收是感知控制平台接收并理解来自传感网络平台的控制信息，将其转化为可在本平台内运行的控制指令的过程。

传感网络发出的信息无法直接作用于感知控制平台设备或信息体，需要先由感知控制平台接收和处理,再被感知控制平台执行,使感知控制平台设备或信息体的状态发生改变。指令接收包括外部指令接收和内部指令生成两种情况。

外部指令接收是感知控制平台接收传感网络平台发出的指令,该指令来自用户平台的决策,从外部规定了感知控制平台需要执行的生产制造任务。感知控制平台将接收到的指令转化为可在本平台设备上运行的信息。

内部指令生成是感知控制平台将自身生成的感知信息直接转化为控制指令,该控制指令来自感知控制平台的自主判断和自主决策。感知控制平台自主决策的权限来自用户平台的授权。用户平台的授权是一种控制方式,内部指令生成也是感知控制平台接收并理解来自传感网络平台(最终来自用户平台)的控制指令的情形之一。

感知控制平台通过指令接收,确保来自传感网络平台的控制信息能够完整地进入感知控制平台,并被感知控制平台准确理解,为感知控制平台的指令执行提供可靠的信息支持。

(二)指令执行

指令执行是感知控制平台根据收到的控制指令实施相应的设备操作,使设备或信息体的状态发生变化的过程。

感知控制平台接收到的控制指令是对感知控制平台运行目标的规定,并未直接指示感知控制平台需要如何运行以完成目标。感知控制平台结合控制指令的要求和自身实际情况,将接收到的控制指令转化为具体的设备操作步骤,并在设备上完成每一步骤。

指令执行包括仅改变设备状态和改变信息体状态两种情况。仅改变设备状态是感知控制平台接收到针对设备本身的控制指令,如设备开关、设备维修、设备保养等指令,对设备的运行进行调整,改变设备状态,使设备状态符合控制信息的要求。改变信息体状态是感知控制平台接收到针对信息体的控制指令,如原材料加工、在制品检测、成品入库等指令,通过相应操作下设备状态的变化,对信息体施加影响,改变信息体的状态,使信息体状态符合控制指令的要求。

感知控制平台通过指令执行，保障控制信息中要求的感知控制平台设备和信息体的目标状态能够达成，完成产品产出，满足用户平台的生产制造需求。

第二节
感知控制平台的信息体系

在智能制造工业物联网中，感知控制平台实现其功能需要信息和物理实体两大要素。感知控制平台的信息在物理实体上的运行表现为智能制造工业物联网对信息体的感知和控制功能。与其他4个平台类似，感知控制平台的信息体系包括三方面的内容：信息系统、信息类型和信息运行。

一、信息系统

在智能制造物联网中，感知控制平台的信息系统分为设备与生产线感知系统和设备与生产线控制系统，分别对应感知控制平台的智能感知和智能控制功能，是感知控制平台信息运行的框架。感知控制平台信息系统的结构如图7-2所示。

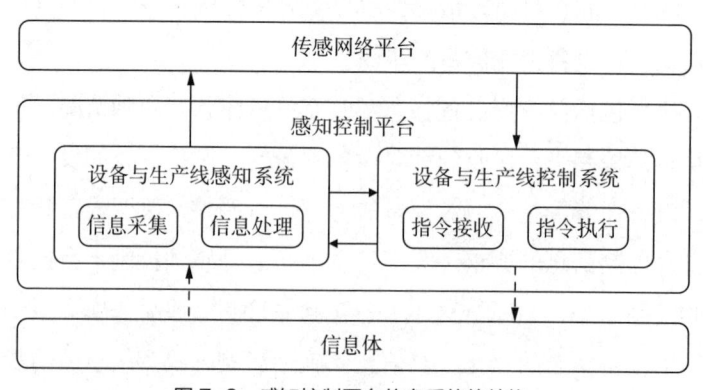

图7-2 感知控制平台信息系统的结构

(一)设备与生产线感知系统

设备与生产线感知系统是感知控制平台感知设备与信息体的系统。设备与生产线感知系统基于用户平台对信息体的感知需求建立,与传感网络平台的网络通信系统与信息协议系统相连接,将对设备和信息体的感知信息上传至传感网络平台的信息系统。

设备与生产线感知系统的内部单元包括信息采集单元和信息处理单元。信息采集单元获取设备或信息体感知信息,与信息体直接交互。信息采集单元根据信息感知需求,选择直接从设备或信息体采集感知信息,或通过控制系统发出作用于设备或信息体的控制信息以采集感知信息。信息采集单元将采集的感知信息传输至信息处理单元,以进行处理。信息处理单元将接收到的感知信息转化为传感网络平台可理解的感知信息。信息处理单元从信息采集单元获取并短暂存储感知信息。基于信息特点与传感网络平台下达的感知需求,信息处理单元对信息采集单元下达感知需求,以获取所需的感知信息。信息处理单元将处理后的感知信息上传至传感网络平台。

设备与生产线感知系统直接与信息体交互,通过感知信息的形式向管理平台传达感知控制平台设备和信息体的状态,使用户平台能够了解感知控制平台的生产制造执行情况,满足用户平台对信息体的感知需求。

(二)设备与生产线控制系统

设备与生产线控制系统是感知控制平台控制设备与信息体的系统。设备与生产线控制系统基于用户平台对信息体的控制需求建立,与传感网络平台的网络通信系统与信息协议系统相连接,将从传感网络平台接收的控制信息转化为对设备和信息体进行控制的控制指令,并通过控制指令的执行改变设备和信息体的状态。

设备与生产线控制系统的内部单元包括指令接收单元和指令执行单元。指令接收单元将从传感网络平台接收的控制指令转化为感知控制平台内运行的控制指令，与传感网络平台直接交互。指令接收单元根据用户平台的授权，选择接收传感网络平台下达的指令，或在感知控制平台内将特定感知信息直接转化为特定控制指令。指令接收单元将转化后的控制指令传输至指令执行单元，以进行处理。指令执行单元将控制指令转化为设备的操作步骤并执行，以改变设备和信息体的状态，与信息体直接交互。指令执行单元根据控制需求，选择性控制设备或通过控制设备控制信息体。

设备与生产线控制系统直接与信息体交互，通过控制信息的形式改变感知控制平台设备和信息体的状态，使感知控制平台能够完成产品的生产制造，满足用户平台对信息体的控制需求。

二、信息类型

感知控制平台的运行以执行生产制造指令、完成产品生产制造为目标，感知控制平台运行的信息统称为对象信息。根据传输方向与功能的不同，对象信息可分为对象感知信息和对象控制信息，分别支持感知控制平台感知功能和控制功能的实现。

（一）对象感知信息

对象感知信息是感知控制平台通过各种感知单元感知的信息，是智能制造工业物联网感知信息的起点。对象感知信息包括来自信息体的感知信息和来自设备的感知信息，是用户平台决策与管理平台管理的信息基础。对象感知信息是具体和局部的，其来源广泛，种类繁杂，基于管理平台信息系统的分类，可被归纳为安全对象感知信息、环境对象感知信息、质量对象感知信息、工艺对象感知信息、生产对象感知信息、设备对象感知信息、仓储对象感知信息、文档对象感知信息等。

安全对象感知信息包括人员位置、设备运行状态、信息传输记录等。环境对象感知信息包括生产现场温度与湿度、生产现场电磁辐射、废弃物产出量等。质量对象感知信息包括原材料形状、设备加工精度、成品力学强度等。工艺对象感知信息包括设备工艺参数、设备操作精度、产品生产节点等。生产对象感知信息包括设备生产速度、生产进度、物料消耗、产品产出数量等。设备对象感知信息包括设备运行时长、设备运行参数、设备能源消耗等。仓储对象感知信息包括物料存放位置、物料库存数量、物料进出库记录等。文档对象感知信息包括新增文档记录、文档调取记录、文档访问权限等。

各类对象感知信息共同为用户平台的决策和管理平台的管理提供信息支持，间接保障决策的准确和管理的高效。

（二）对象控制信息

对象控制信息是感知控制平台对设备和信息体进行控制的信息，是智能制造工业物联网控制信息的终点。对象控制信息包括对信息体的控制信息和对设备的控制信息，是用户平台控制与管理平台管理的信息对象。对象控制信息是具体和局部的，来源于传感网络平台下达的控制传感信息和自身基于用户授权对特定感知信息的转化。对象控制信息种类繁杂，基于管理平台信息系统的分类，可被归纳为安全对象控制信息、环境对象控制信息、质量对象控制信息、工艺对象控制信息、生产对象控制信息、设备对象控制信息、仓储对象控制信息、文档对象控制信息等。

安全对象控制信息包括设备操作规范设置、防护设备安装、信息传输协议更新等。环境对象控制信息包括生产现场温湿度控制、现场物料整理、废弃物处理等。质量对象控制信息包括设备精度调整、原材料质量检测、成品功能测试等。工艺对象控制信息包括基于工艺设计的生产线组建、基于工艺标准的设备工艺参数调整、基于工艺路线的生产作业等。生产对象控制信息包括基于生产计划的物料和设备调配、基于生产计划的生产作业、生产进度监测等。设备对象控制信息包括设备状态检测、设备故障排查、设备维护保养等。仓储对象控制信息包括成品上架、原材料出库、库位调整等。文档对象控制信息包括文档创建、文档存储、文档权限设置等。

各类对象控制信息共同保障管理平台的管理方案能够得到有效执行，用户平台的需求能够得到全面满足。

三、信息运行

感知控制平台的对象感知信息和对象控制信息以感知控制平台信息系统为框架，以感知控制平台物理实体为载体，在智能制造工业物联网中运行。感知控制平台的信息运行呈现出 3 种状态：感知控制平台参与的信息运行大闭环、感知控制平台控制的信息运行小闭环、感知控制平台信息运行内闭环。

（一）感知控制平台参与的信息运行大闭环

在智能制造工业物联网中，用户平台基于自身需求对信息运行大闭环进行控制，感知控制平台参与信息运行大闭环，接受用户平台主导，以满足用户平台需求。感知控制平台参与的信息运行大闭环强调感知控制平台在信息运行大闭环中的参与性作用。感知控制平台参与的信息运行大闭环的整体结构如图 7-3 所示。感知控制平台的参与性作用主要包含两个方面：生成感知信息和执行控制信息。

物联网中运行的感知信息最初在感知控制平台生成。感知控制平台对信息体进行感知，将来自信息体的信息转化为对象感知信息，并上传至传感网络平台。传感网络平台接收对象感知信息，将对象感知信息转化为管理平台可理解的感知传感信息，并上传至管理平台。管理平台对接收到的感知传感信息进行理解和分析，将分析的结果作为感知管理信息上传至服务平台。服务平台接收来自管理平台的感知管理信息，将其转化为用户平台可理解的感知服务信息并上传至用户平台。用户平台接收和理解感知服务信息，生成用户感知信息。

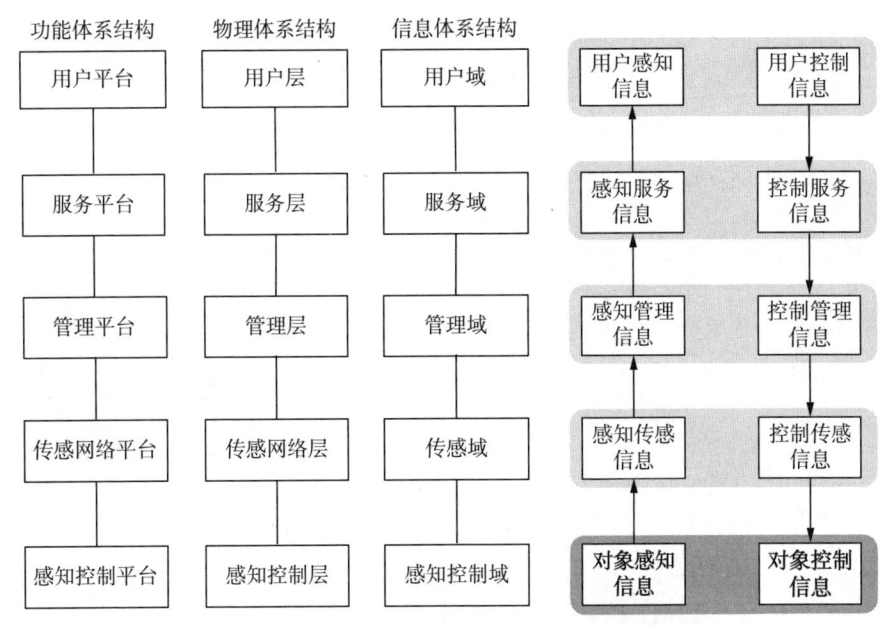

图 7-3 感知控制平台参与的信息运行大闭环的整体结构

物联网中运行的控制操作最终在感知控制平台得到执行。用户平台根据用户感知信息，进行决策，生成用户控制信息，并下达至服务平台。服务平台对用户控制信息进行转译，生成管理平台可理解的控制服务信息，并下达至管理平台。管理平台接收和理解控制服务信息，生成控制管理信息，并下达至传感网络平台。传感网络平台接收并转译控制管理信息，生成控制传感信息，并下达至感知控制平台。感知控制平台接收和理解控制传感信息，将控制传感信息转化为对象控制信息，并实施具体行动执行对象控制信息，实现对信息体的控制。

感知控制平台服务于用户平台对信息体的感知需求和控制需求，与信息体直接交互，将信息体的信息引入信息运行大闭环，将信息运行大闭环的效果传导至信息体。

（二）感知控制平台控制的信息运行小闭环

"感知控制平台控制的信息运行小闭环"是感知控制平台在用户平台

的授权下，将特定对象感知信息不经过用户平台直接转化为特定对象控制信息，根据自主决策结果感知和控制信息体的信息运行闭环。用户平台、服务平台、管理平台、传感网络平台不参与该信息运行闭环，感知控制平台与信息体之间形成信息运行闭环，如图 7-4 所示。

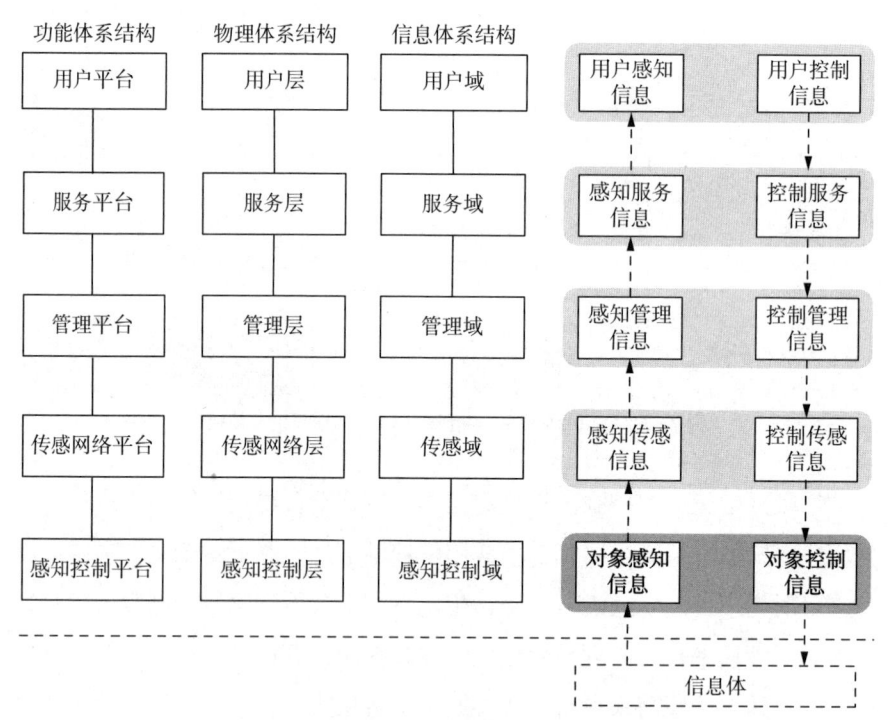

图 7-4　感知控制平台控制的信息运行小闭环

用户平台授权管理平台自行处理对象感知信息需满足以下条件：其一，用户平台判断信息体需要感知控制平台进行感知和控制；其二，用户平台确认感知控制平台具备相应的自行决策能力，能够将特定感知信息转化为符合用户平台需求的控制信息；其三，用户平台判断自身计划安排与此授权不冲突。

在感知控制平台控制的信息运行小闭环中，感知控制平台从信息体获取信息，生成对象感知信息，判断该对象感知信息是否需要继续向上传输。若该对象感知信息为用户平台授权可自行处理的特定对象感知信息，感知控制平台不向传感网络平台传输，根据用户平台制定的预设方案，将对象感知信息转化为对象控制信息并作用于信息体。

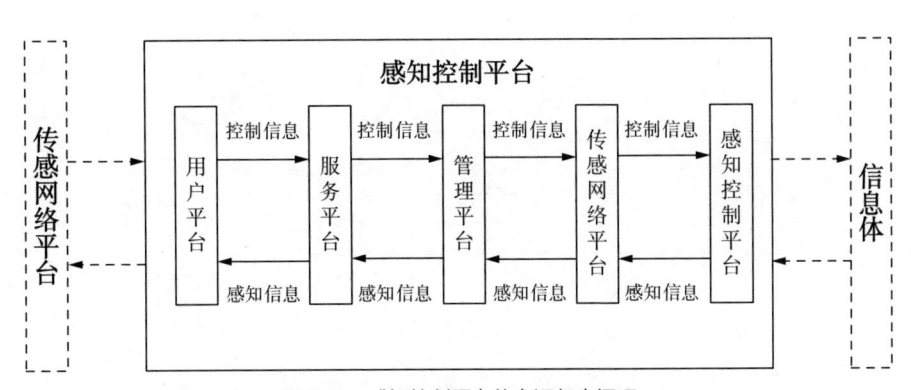

（三）感知控制平台信息运行内闭环

感知控制平台参与的信息运行大闭环方式和感知控制平台控制的信息运行小闭环方式是感知控制平台与其他平台或信息体共同组成的信息运行闭环方式，感知控制平台与其他平台或信息体之间存在信息交互。感知控制平台信息运行内闭环仅在其内部，不与其他平台或信息体交互。

感知控制平台通过信息运行内闭环进行自我管理，发挥自身功能。在智能制造工业物联网中，感知控制平台为用户平台直接感知和直接控制信息体，其内部的信息运行也呈现出一个完整的物联网结构，如图 7-5 所示。感知控制平台的信息处理在其信息运行内闭环中完成。通过感知控制平台信息运行内闭环，感知控制平台从信息体采集的信息转化为对象感知信息，传感网络平台下达的控制信息转化为对象控制信息。在得到用户平台授权的情况下，特定对象感知信息向特定对象控制信息的直接转化，也是通过感知控制平台信息运行内闭环完成的。感知控制平台通过信息运行内闭环，参与到智能制造工业物联网信息运行大闭环中，间接为用户平台提供服务，满足用户平台的需求。

图 7-5　感知控制平台信息运行内闭环

第三节
感知控制平台的物理体系

在智能制造工业物联网中，感知控制平台实现自身功能需要相应物理实体的支撑。这些物理实体构成了感知控制平台的物理体系，如图 7-6 所示。感知控制平台的物理实体是对象感知信息和对象控制信息运行的载体，通过物联网运行为用户平台提供服务，能够与信息体进行直接交互。根据细分功能的不同，感知控制平台的物理实体可分为对象感知设备和对象控制设备。对象感知设备接收和转化来自信息体的信息，生成对象感知信息并向上传输。对象控制设备接收控制传感信息和特定对象感知信息，将其转化为对象控制信息并执行，改变设备本身或信息体的状态。在感知控制平台中，对象感知设备和对象控制设备可为不同的设备，或同一设备的不同部分。

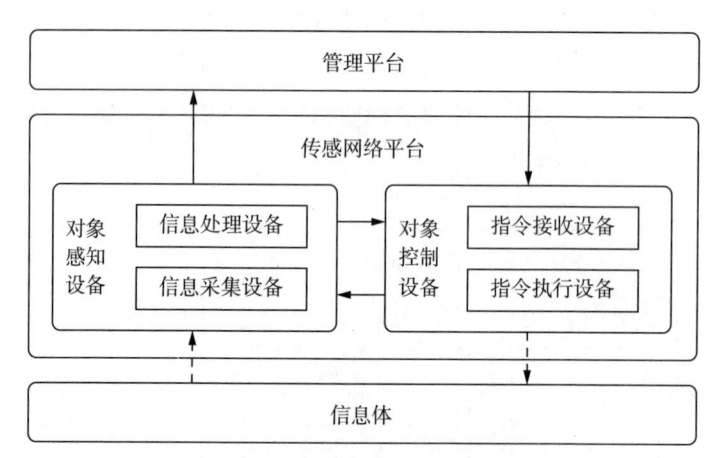

图 7-6 感知控制平台的物理体系

一、对象感知设备

对象感知设备是感知控制平台对信息体进行感知的物理实体，包含信息采集设备和信息处理设备两个部分。两个部分在物理形式上可能是独立的，也可能是集成为一体的。

信息采集设备是设备与生产线感知系统信息采集单元的物理载体，通过对信息体物理属性的感知采集信息体的信息。信息采集设备通过光学观测、热量观测、物理质量测量等直接观测方法，以及受力测试、耐温测试、气密测试等间接观测方法，对信息体的物理属性进行采集与检测。感知控制平台设备自身的状态信息也通过信息采集设备被感知。设备与生产线感知系统信息采集单元在信息采集设备上运行，实现采集信息体和设备信息的功能。

信息处理设备是设备与生产线感知系统信息处理单元的物理载体，将信息采集设备采集的信息体信息存储并转化为传感网络平台能够理解的信息。信息处理单元通过包括将光学信号转化为电子信息、将视觉信号转化为文字信息、将压力信号转化为声学信息等方式，将信息采集单元采集的信号转化为传感网络平台设备可接收、处理、传输的信息。信息处理设备将处理后的感知信息上传至传感网络平台数据传输设备。设备与生产线感知系统信息处理单元在信息处理设备上运行，实现处理信息体和设备感知信息的功能。

对象感知设备支撑设备与生产线感知系统的运行，为物联网提供及时、准确、全面的对象感知信息，满足用户平台对信息体的感知需求。

二、对象控制设备

对象控制设备是感知控制平台对信息体进行控制的物理实体，包含指令接收设备和指令执行设备两个部分。两个部分在物理形式上可能是独立的，也可能是集成为一体的。

指令接收设备是设备与生产线感知系统指令接收单元的物理载体,将来自传感网络平台的控制信息转化为指令执行设备可理解和执行的信息。指令接收设备将电子信息、声学信息、文字信息等形式的控制信息转化为可在指令执行设备上运行的信息。指令接收设备将转化后的信息传输至指令执行设备。设备与生产线感知系统指令接收单元在指令接收设备上运行,实现接收和处理控制信息的功能。

指令执行设备是设备与生产线感知系统指令执行单元的物理载体,将来自指令接收设备的控制信息转化为指令执行设备的物理形变、温度升降、功率调整等形式的操作步骤,指令执行设备实施相应操作步骤,使指令执行设备产生物理状态的变化,改变信息体的大小、形状、硬度等物理状态。设备与生产线感知系统指令执行单元在指令执行设备上运行,实现控制设备和信息体的功能。

对象感知设备可在接收和执行感知信息采集指令的情况下作为特殊形式的对象控制设备。对象控制设备支撑设备与生产线控制系统的运行,精准执行物联网对信息体的控制信息,满足用户平台对信息体的控制需求。

Chapter 8
第八章 智慧工厂工业物联网

智慧工厂是工业企业实现智能制造全业务和全流程整合的新形态。工业企业调配各类资源，制定智能制造相关的组织规则，形成智能化的生产经营体系——智慧工厂工业物联网。本章将基于智慧工厂工业物联网的整体结构，阐述智慧工厂工业物联网的4种类型：智慧工厂业务物联网、智慧工厂职能物联网、智慧工厂行政物联网、智慧工厂自组物联网。

第一节
智慧工厂工业物联网的整体结构

智慧工厂的运营管理及相关的经济活动在用户需求的主导下进行。其中活动的发起者——用户、活动的统筹者——管理者、活动的执行者——对象处于不同的平台，三者通过一定的通信方式——服务通信和传感通信，组成一个有机整体，依据物联网规律有序运行。智慧工厂工业物联网的整体结构如图8-1所示。

智慧工厂工业物联网用户平台包括企业用户和其他用户。在智慧工厂工业物联网中，企业用户和其他用户的区分与智能制造工业物联网一致，只是智慧工厂工业物联网的用户需求不同。智慧工厂工业物联网以企业用户的生产经营需求为主，相较于智能制造工业物联网，在生产运营需求的基础上，增加了除生产活动外的其他企业经营活动需求。

用户平台能够提供其他功能平台及整个物联网所需的资源，主导智慧工厂工业物联网的组建和运行。通过资源的获取和利用，其他功能平台可以通过满足用户的主导性需求来满足自身的参与性需求。智慧工厂物联网的运行，是资源与需求的双向整合。在智慧工厂工业物联网中，用户平台提供的资源主要包括四类：财务资源、物力资源、人力资源、技术资源。

财务资源是指企业用于支持生产经营活动的资金和金融产品。在智慧工厂工业物联网中，用户平台提供的财务资源主要包括以下几个方面：支付企业的运营成本，如员工薪资、研发投入等；购买智能制造所需的原材料和设备，如智能制造产线建设、平台搭建等；获取外部融资，如银行贷款、股权融资等。财务资源是智慧工厂工业物联网得以组建的重要基础，为物联网的稳定、顺畅运行提供有力保障。

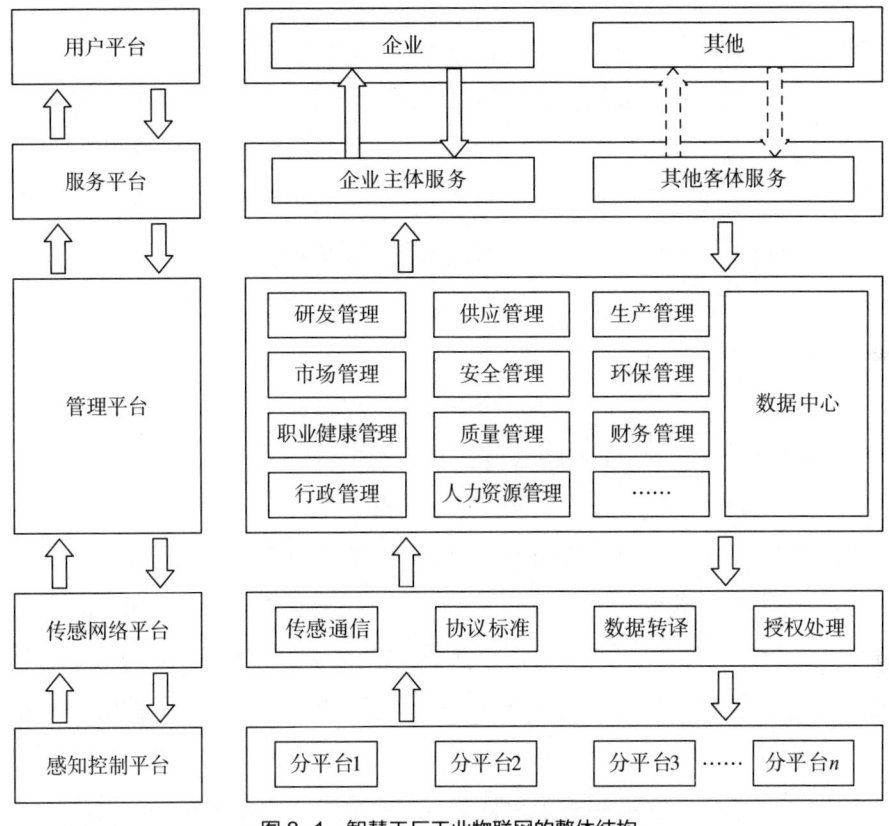

图 8-1　智慧工厂工业物联网的整体结构

物务资源是指企业用于支持生产经营活动的实物资产。在智慧工厂工业物联网中，用户平台提供的物力资源主要包括以下几个方面：开展智能制造所需的场地，如仓库、车间等；智慧工厂生产设备、设施，如智能机床、智能化生产线等；生产所需的物料，如原材料、外购半成品等。物力资源是智慧工厂工业物联网得以组建和运行的物质条件，是支持智能制造产品生产的基本要素。

人力资源是指企业用于支持生产经营活动的人员。在智慧工厂工业物联网中，用户平台提供的人力资源主要包括智能制造的管理人员、技术人员、产线员工等。人力资源涉及相关人员对价值创造起贡献作用的教育、能力、技能、经验、体力等的总和。作为智能制造生产和管理中的能动性要素，人力资源是智慧工厂工业物联网有序运行的关键环节。

技术资源是指企业用于支持和发展生产经营活动的技术成果与研发能力的总和。在智慧工厂工业物联网中，用户平台提供的技术资源主要包括生产技术、信息技术、知识产权等方面，如智能制造的基础理论、创新工艺、发明专利等。在智能制造领域，技术资源是企业的核心竞争力。技术资源具备强大的增值能力，用户平台提供的高质量技术资源，能够在物联网运行的过程中，持续转化为智能制造水平提升的推动力。

智慧工厂工业物联网的组建和运行以用户平台提供的资源为支撑，这些资源在物联网中持续流动和转化。用户平台外的各功能平台在资源的流动和转化过程中获取、传递和使用资源。服务平台作为与用户平台进行直接交互的功能平台，负责从用户平台获取资源并将资源向下传递至管理平台。管理平台对获取到的资源进行分配，并用于自身的运作和向下的资源传递。传感网络平台主要负责将管理平台传递的资源继续传递至感知控制平台。感知控制平台充分利用获取到的资源，将其转化为可满足用户平台需求的服务。

各平台的资源获取起始于智慧工厂工业物联网组建之初。各平台与用户平台协商，运用自身的特定功能与用户平台提供的资源进行交换，最终达成参网协议，获取相应资源，并接受用户平台的控制，为满足用户平台需求提供相应的服务。

各平台获取到的资源分为两类：一类是各平台用于支持自身运行并满足自身参与性需求的资源，此类资源属于各平台本身且可以用于网外；另一类是用于支持整个物联网运行并满足用户平台主导性需求的资源，此类资源可能是其他平台所需的资源，与各平台的网内角色关联密切，在网内传递。

各平台获取到资源之后，开始传递资源和使用资源的过程。首先，各平台对获取到的资源进行分类，根据自身需求和自身在物联网中的定位，区分出自身可使用的资源和向下传递的资源，并在使用资源的过程中实现本平台功能。其次，各平台根据下级平台的具体需求，在相应的时间节点将相应的资源传递至下级平台。最后，各平台根据当前阶段所涉事项的实际情况，协调自身需求、其他平台需求与物联网整体需求的关系，保障物联网的稳定和高效运行。

在智慧工厂工业物联网中，管理平台的管理事项分为两类：业务管理和职能管理。业务管理是对产品研发、生产、宣传、销售、售后全流程所涉事务的管理。职能管理是对业务开展的规范性和效果的管理，在国家法律法规和企业内部各职能部门的监督和指导下进行。

基于业务管理和职能管理的区分，管理平台内部又包含多个管理单元。业务管理单元包括研发管理、供应管理、生产管理、市场管理等。职能管理单元包括安全管理、环保管理、职业健康管理、质量管理、财务管理、行政管理、人力资源管理等。基于不同的用户平台需求，企业可能开展不同的业务，设置不同的职能，在管理平台上形成不同的业务管理单元和职能管理单元。

在业务管理单元中，研发管理是对产品研发设计事务的管理，以保障产品设计质量。供应管理是对生产所需物料的采购、质控、供给等事务的管理，保障物料供应质量和效率。生产管理是对生产运营事务的管理，与智能制造工业物联网管理平台的管理内容基本一致。市场管理是对产品的宣传、销售、售后等事务的管理，保障产品向效益的顺利转化。

在职能管理单元中，安全管理是对智慧工厂中各事项的安全状态的管理，保障智慧工厂安全运转。环保管理是对智慧工厂中各事项的环保状态的管理，保障智慧工厂各方面环保指标的合格。职业健康管理是对智慧工厂中人员的身心健康状态的管理，保障智慧工厂人员的健康权益。质量管理是对智慧工厂中各事项的工作质量的管理，保障智慧工厂运行质量。财务管理是对智慧工厂中的投资、筹资、营运资金、利润分配等财务活动的管理，保障智慧工厂资金的有序流动。行政管理是对智慧工厂中的行政事项和办公事项的管理，保障智慧工厂行政工作的有序开展。人力资源管理是对智慧工厂中人员招聘、培训、绩效、报酬等事项的管理，保障智慧工厂人员的最优化配置。

在智慧工厂工业物联网中，感知控制平台中的具体对象根据管理平台管理事项的变化而变化。感知控制平台可能为智能制造设备或智能制造生产线，也可能为生产运营活动之外的人员或物品。基于不同的管理事项，感知控制平台中各分平台可能为同一物理实体的不同方面，比如对于某一生产人员，职业健康管理的对象是该人员的健康状况，质量管理的对象是该人员的工作质量，行政管理的对象是该人员的岗位职责。感知控制平台的各分平台接收并执行各项事务的控制信息，协同完成智慧工厂的生产经营，满足用户平台的需求。

与智能制造工业物联网类似，智慧工厂工业物联网的服务平台包括企业服务和其他主体服务，发挥用户平台和管理平台之间的服务通信功能；智慧工厂工业物联网的传感网络平台包括传感通信、协议标准、数据转译、授权处理4个单元，发挥管理平台和感知控制平台之间的传感通信功能。

智慧工厂工业物联网涉及智慧工厂内的全部生产经营事项，根据所涉事项属性的不同，智慧工厂工业物联网在运行过程中会形成4种不同的子网类型：智慧工厂业务物联网、智慧工厂职能物联网、智慧工厂行政物联网、智慧工厂自组物联网。

第二节
智慧工厂业务物联网

智慧工厂业务物联网是基于用户在智慧工厂运行过程中的各项业务需求形成的物联网，其结构如图8-2所示。智慧工厂业务物联网的管理平台包括多个业务管理单元，感知控制平台包括多个业务执行单元。业务管理单元与对应的业务执行单元在物联网中协同运行，完成相应的业务。智慧工厂中的主要业务包括研发业务、供应业务、生产业务、市场业务，对应管理平台中的研发管理、供应管理、生产管理、市场管理。

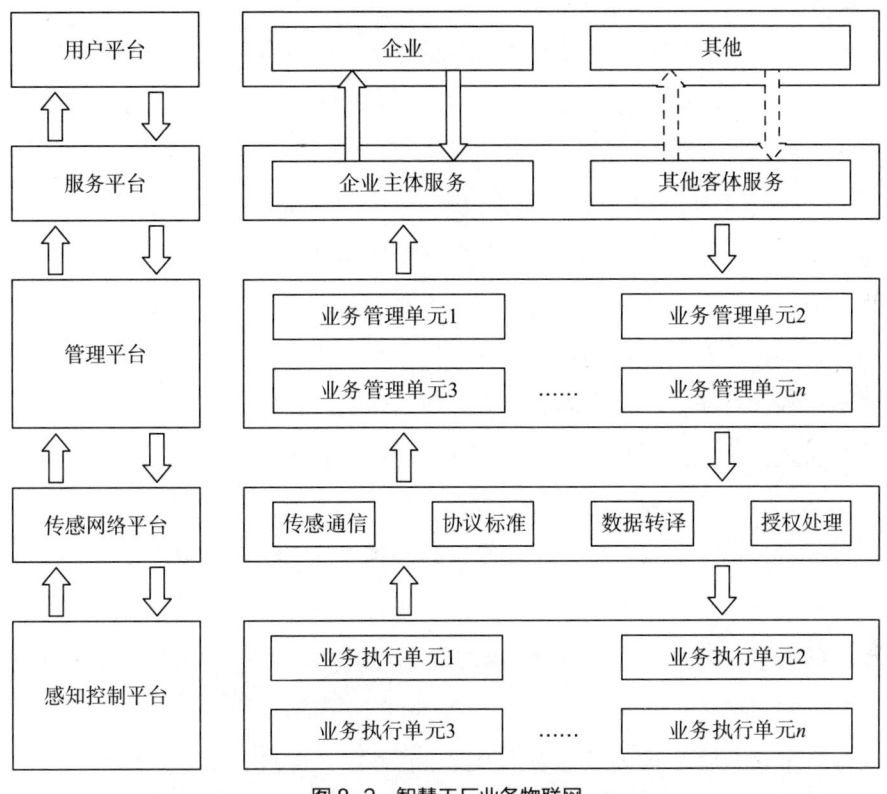

图 8-2　智慧工厂业务物联网

一、研发业务

研发业务以用户平台的研发需求为主导，在管理平台研发管理单元的管理下，由感知控制平台研发执行单元执行完成。以产品研发为例，其研发流程分为 6 个阶段：需求分析、方案确定、设计验证、试制样品、产品试验、验收与定型。

阶段一，需求分析。产品研发设计起始于需求分析。在这一阶段，研发团队立足于企业的产品规划，在深入调研、沟通、分析目标客户的基础上，确定产品的基本功能、性能指标、技术指标和市场竞争力等方面的需求。同时，制定详细的需求规格说明书，以确保产品设计的有序性和规范性，实现与客户需求的高效交互。

阶段二，方案确定。基于需求分析，研发团队针对产品功能和性能指标等要求，制定出初步设计方案，并进行技术可行性和经济可行性的评估。在技术方面，需要进行技术分析、技术选型、模拟仿真和评估等步骤。在经济方面，需要进行成本分析、资金预测和市场研究等步骤。最终确定最优的产品方案，以便后续的设计验证和试制样品。

阶段三，设计验证。在完成产品方案的制定后，研发团队对该方案进行设计验证，包括设计确认、原理验证、软件功能验证和总体性能验证等环节。在此过程中，研发团队需要完成多轮的设计改进与测试优化。

阶段四，试制样品。在完成设计验证后，研发团队基于该产品方案制作试制样品，并对样品进行实际测试和验证。在此过程中，需要完成样品的装配、调试、测试及验证，并对样品的各项性能指标、精度及可靠性进行评估。

阶段五，产品试验。在试制的样品验证合格后，研发团队需要进行试产，并对试产的产品进行进一步试验，包括功能测试、环境适应性测试、可靠性测试及安全性测试等多个方面。在产品试验过程中，研发团队需根据需求进行设计改进和测试优化。

阶段六，验收与定型。在产品试验通过后，研发团队需要对产品方案进行验收与定型。在这一过程中，产品方案的各类相关信息可得到确定并形成文档，包括产品的各项基础数据、产品物料清单、产品工艺路线等。

二、供应业务

供应业务以用户平台的物料供应需求为主导，在管理平台供应管理单元的管理下，由感知控制平台供应执行单元执行完成。物料供应分为两个阶段：物料采购和物料使用。

在物料采购阶段，供应部门与供应商建立数字化供应链、监测库存水平，并通过智能预测进行物料采购，基于分析物料需求和实际情况，制定物料采购计划。物料采购计划是采购管理系统对计划期内物料采购管理活动所作的预见性安排和部署。基于物料的使用范围，物料采购计划可分为产品生产用物料采购计划、设备维护用物料采购计划、设施建设用物料采购计划、技术研发用物料采购计划、运营管理用物料采购计划等。物料采购计划的制定以整个企业的预算制度为基础，遵循相应的流程。供应部门对供应商进行管理，通过采购执行单位执行物料采购计划，完成物料的采购、质检与入库。

在物料使用阶段，供应部门与物料使用部门协作，沟通物料使用信息，进行物料供应。以生产制造物料为例，生产部门根据生产计划向供应部门提出物料调用需求；供应部门了解到物料调用需求，分析物料存量信息，做出物料供应响应，通过供应执行单位执行物料调用指令，完成对生产制造设备的备料和上料，满足生产制造物料供应需求。例如，在生产制造过程中出现物料供给不足、物料质量不合格等突发情况，生产部门将相关信息反馈至供应部门，供应部门做出调整，实现正常的物料供应。

三、生产业务

生产业务以用户平台的生产制造需求为主导，在管理平台生产管理单元的管理下，由感知控制平台生产执行单元执行完成。生产管理的主要内容除了生产计划管理和生产执行，还包括安全管理、环境管理、质量管理、工艺管理、设备管理、仓储管理、文档管理等，整体上等同于智能制造工业物联网管理平台的管理内容。

相较于智能制造工业物联网，智慧工厂工业物联网中的生产业务更为关注生产制造活动与其他企业经营活动的联系。比如，与研发业务相联系，生产业务根据研发产品的参数确定产品的质量指标、工艺路线等；与市场业务相联系，生产业务根据订单情况制订生产计划、进行生产排程、执行生产工单等；与供应业务相联系，生产业务向其提出物料需求计划，寻求生产制造物料的供应。

四、市场业务

市场业务以用户平台的市场活动需求为主导，在管理平台市场管理单元的管理下，由感知控制平台市场活动执行单元执行完成。市场管理分为两个主要部分：客户管理和订单管理。

客户管理包括对新客户的获取、对客户需求的分析及对已有客户关系的维护，涉及线索管理、商机管理、销售管理、客户数据管理、营销自动化、客户服务和支持等方面。客户管理可通过多个渠道自动生成线索，并将线索转化为销售机会；管理销售漏斗，进一步掌握商机；生成有效的销售策略，构建和管理标准化销售流程；集中存储并分析客户信息，包括联系方式、偏好、交易历史和沟通记录等；设计和执行营销活动，吸引新客户并保持现有客户的兴趣；在交易的全流程对客户提供服务和支持，如售后服务、支持票据等。

订单管理是对产品或服务销售过程中所形成销售合同与订单的管理。销售合同与订单在管理系统中按照规定的标准形式完成信息化的建档、存储，实现订单生成方式的统一化、订单执行路径的流程化及订单相关信息的共享。通过订单管理可以对订单进行分析，将其分解为产品生产制造需求。市场部门与生产部门、供应部门进行订单信息的交互，将产品生产制造需求和已有条件相结合，制订出生产计划和物料需求计划，进入产品的生产制造环节。

第三节
智慧工厂职能物联网

智慧工厂职能物联网是基于用户在智慧工厂运行过程中的各项职能需求形成的物联网，其结构如图 8-3 所示。智慧工厂职能物联网的管理平台包括多个职能管理单元，感知控制平台包括多个职能管理对象。职能管理单元与对应的职能管理对象在物联网中协同运行，实现相应的职能。智慧工厂中的主要职能包括安全职能、环保职能、职业健康职能、质量职能、财务职能、行政职能、人力资源职能，对应管理平台中的安全管理、环保管理、职业健康管理、质量管理、财务管理、行政管理、人力资源管理。

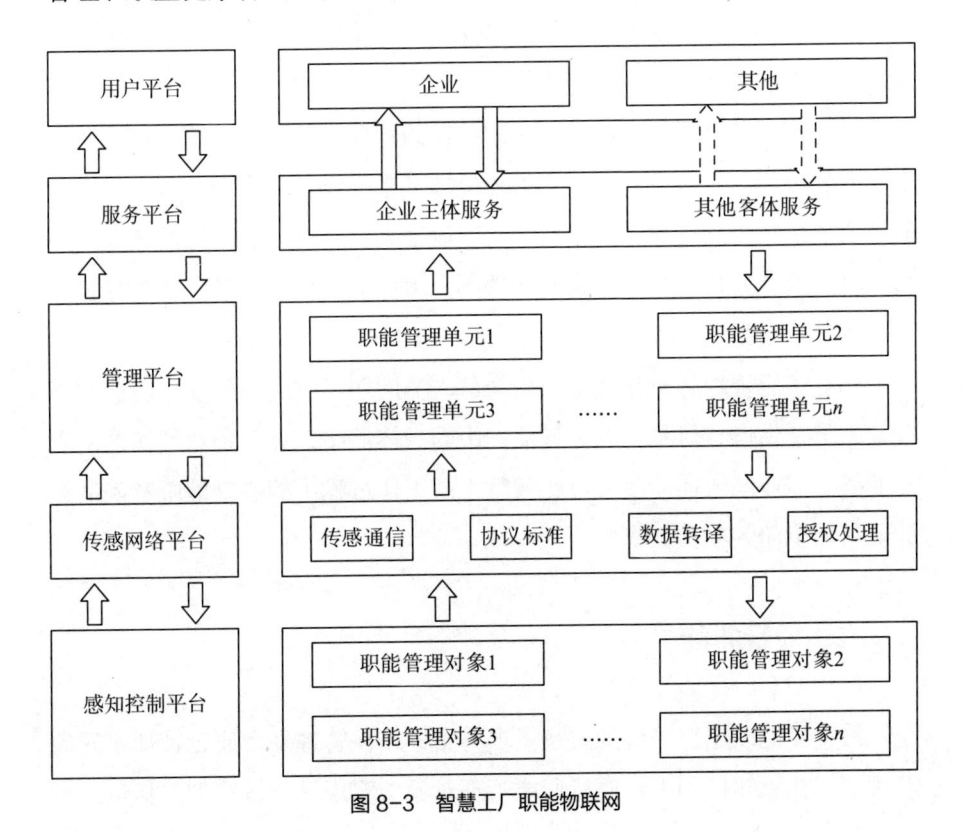

图 8-3 智慧工厂职能物联网

一、安全、环保与职业健康职能

安全职能、环保职能、职业健康职能以用户平台的安全、环保、职业健康需求为主导，在管理平台安全、环保、职业健康管理单元的管理下，在感知控制平台安全、环保、职业健康职能管理对象上实现。智慧工厂工业物联网中的安全、环保、职业健康职能，将智能制造工业物联网的安全管理、环境管理、职业健康管理的范围从生产制造活动扩展至智慧工厂的全部生产经营活动。

安全管理是对智慧工厂范围内全部生产经营活动中人员安全、设备安全、信息安全的系统性管理。人员安全涉及智慧工厂范围内活动的人员的生命安全和健康安全。设备安全涉及智慧工厂中运行的设备的存放安全和运行安全，包括生产设备、实验设备、通信设备、办公设备等。信息安全涉及生产经营活动中全部信息的存储安全和传输安全，包括生产信息、研发信息、市场信息、行政信息等。

环保管理是对智慧工厂所影响的环境的管理，包括生产环境、研发环境、办公环境、自然环境等。生产环境涉及生产设备和生产人员进行生产制造的环境。研发环境涉及实验设备和研发人员进行研发设计的环境。办公环境涉及办公设备和办公人员处理办公事务的环境。自然环境是受智慧工厂各种活动影响的周边环境。

职业健康管理是对智慧工厂内全部人员的职业健康的管理。职业健康涉及人员在生产、研发、办公等活动中的身体健康，如各种意外伤害、职业病等。职业健康还涉及人员在智慧工厂工作过程中的心理健康及人员在职业活动中的各项社会福利。

二、质量职能

质量职能以用户平台的质量需求为主导，在管理平台质量管理单元的管理下，在感知控制平台质量职能管理对象上实现。质量管理包括生产质量、研发质量、销售质量、管理质量等方面的管理。

生产质量涉及生产制造过程中各阶段的物料和工作质量。研发质量涉及研发设计过程中的成果质量和工作质量。销售质量涉及市场销售活动中的订单质量和工作质量。管理质量涉及智慧工厂全部管理活动中的工作质量。质量管理制定质量方针和质量目标，再通过质量保证、质量控制、质量改进等环节，实现质量目标。

三、财务职能

财务职能以用户平台的财务需求为主导，在管理平台财务管理单元的管理下，在感知控制平台财务职能管理对象上实现。财务管理包括5个方面的内容：筹资管理、投资管理、营运资金管理、成本管理、利润分配管理。

筹资管理是对智慧工厂股权融资、债务融资等资金筹集活动的管理。投资管理是对智慧工厂的固定资产、流动资产等投资活动的管理。营运资金管理是对智慧工厂现金流入和流出的管理，包括存货管理、应收账款管理、收入和支出现金流管理等。成本管理是对智慧工厂生产经营活动成本的管理，包括成本核算、成本分析、成本决策和成本控制等。利润分配管理是对智慧工厂生产经营所获利润的分配活动的管理。

四、行政职能

行政职能是以用户平台的行政需求为主导，在管理平台行政管理单元的管理下，在感知控制平台行政职能管理对象上实现的。行政管理将访客接待、会议安排、后勤补给和保障等常规且典型的行政业务标准化、流程化，包括3个方面的内容：行政制度管理、部门协调管理、企业成员服务。

行政制度管理是通过制定各行政事务的规范化流程及智慧工厂的行政章程，实现行政事务管理的标准化、统一化，同时建立规范化流程的周期管理制度，对已经存在的规章制度进行定期的梳理、审视和识别，发现行政事务管理的变化点和漏洞，及时对流程进行修正。部门协调管理包括沟通智慧工厂中的各部门、协调各部门的工作、精简和优化协同程序和环节，以此保障各部门的业务顺利推进。企业成员服务是对智慧工厂的成员提供工作与生活服务，如制定员工工作餐制度、员工住宿标准、生日和节日礼物制度、各种文体和联谊活动流程与标准等。

五、人力资源职能

人力资源职能以用户平台的人力资源需求为主导，在管理平台人力资源管理单元的管理下，在感知控制平台人力资源职能管理对象上实现。人力资源管理包括6个方面的内容：人力资源规划、招聘与配置、培训与开发、绩效管理、薪酬福利管理、劳动关系管理。

人力资源规划是对人力资源的获取、配置、使用、保护等各环节进行职能性策划，制定智慧工厂人力资源供需平衡计划。招聘与配置是寻找、吸引并选拔符合智慧工厂岗位要求的人才，并将其配置到合适的职位。培训与开发是通过有计划、有组织的系统性培养，发掘员工潜力，提升员工的知识、技能和态度。绩效管理是通过设定绩效目标、定期评估和反馈员工的工作表现，促使员工保障自身工作质量和效率。薪酬福利管理是基于智慧工厂生产运营需求，对薪酬和福利的原则、策略、结构等进行设计和调整。劳动关系管理是采取一系列措施维护和培养智慧工厂与员工之间的正向关系，以创造一个和谐、稳定、高效的工作环境。

第四节　智慧工厂行政物联网

智慧工厂行政物联网是基于智慧工厂运行过程中不同行政层级之间的

交互逻辑形成的物联网，其结构如图 8-4 所示。智慧工厂行政物联网是一个混合物联网，通常分为一级网、二级网、三级网 3 个子网。一级网负责智慧工厂的整体规划与重大决策，二级网负责智慧工厂的日常经营管理，三级网负责智慧工厂各事项的具体实施。

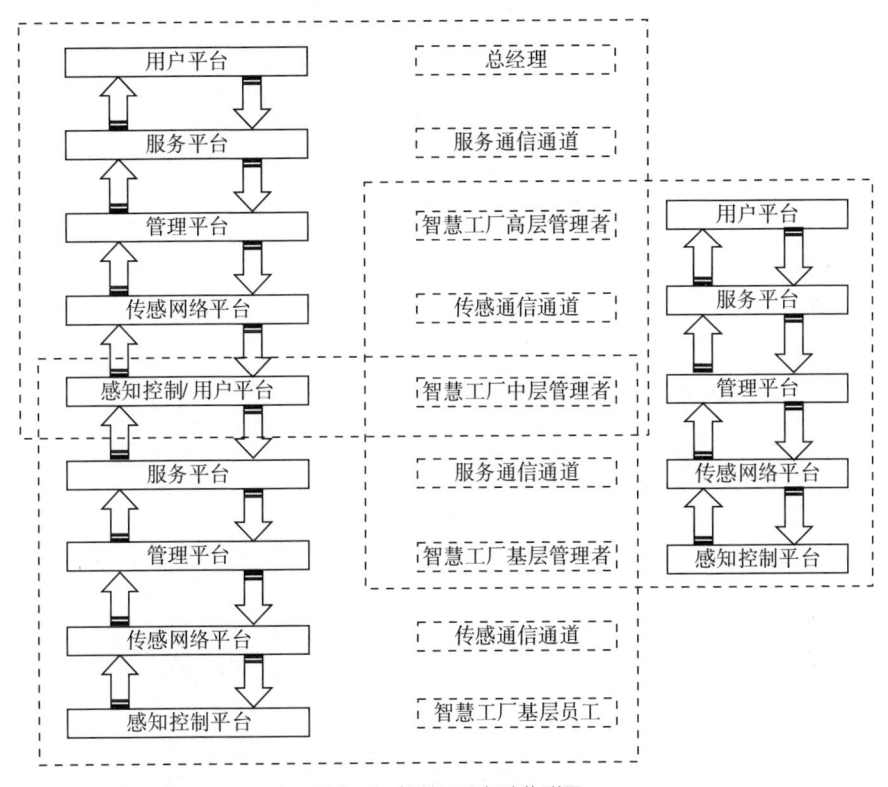

图 8-4　智慧工厂行政物联网

一、智慧工厂行政物联网一级网

智慧工厂行政物联网一级网的结构如图 8-5 所示。智慧工厂行政物联网一级网的用户平台为总经理。总经理主导一级网的组建和运行，对智慧工厂进行整体规划和风险把控，主持智慧工厂生产经营及管理工作。智慧工厂行政物联网一级网的管理平台为智慧工厂的高层管理者，即智慧工厂各类事项的主管领导，如生产总监、运营总监、副总经理等。智慧工厂高层管理者在总经理的授权下对一级网进行直接管理，协助总经理完成智慧工厂整体运行的统筹，优化流程，完善制度，合理配置资源，组织和监控智慧工厂各方面的正常运营。智慧工厂行政物联网一级网的感知控制平台为智慧工厂中层管理者，即智慧工厂各部门的负责人，如各部门的经理。智慧工厂中层管理者执行总经理下达的各项指令，安排、监督和协调智慧工厂基层管理者的工作，保证智慧工厂各具体事项的有效实施。

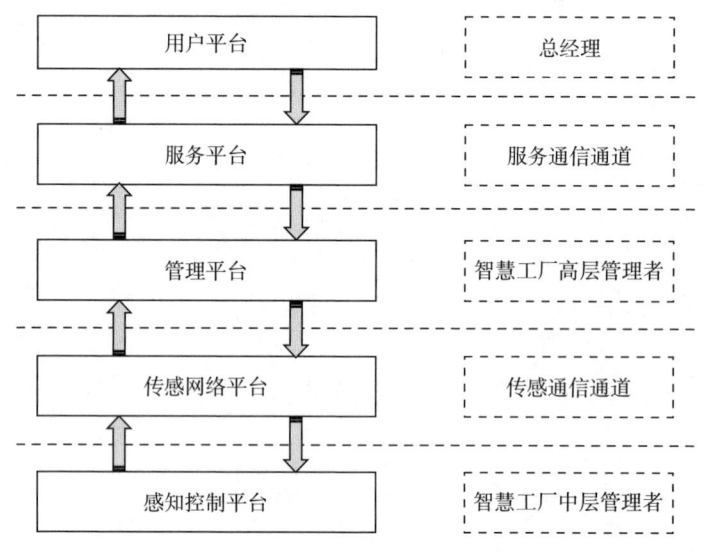

图 8-5　智慧工厂行政物联网一级网

二、智慧工厂行政物联网二级网

智慧工厂行政物联网二级网的结构如图 8-6 所示。智慧工厂行政物联网二级网的用户平台为智慧工厂高层管理者。智慧工厂高层管理者主导二级网的组建和运行，全面管理智慧工厂的各类生产经营工作，为二级网的运行提供资源支持。智慧工厂行政物联网二级网的管理平台为智慧工厂中层管理者。智慧工厂中层管理者在高层管理者的授权下对二级网进行直接管理，协助高层管理者完成智慧工厂日常生产经营事项的统筹、组织、协

调、指导各部门内的基层管理者开展具体的生产经营工作。智慧工厂行政物联网二级网的感知控制平台为智慧工厂基层管理者，即智慧工厂各部门的一线管理人员，如生产主管、车间主任、班组长等。智慧工厂基层管理者执行高层管理者下达的各项指令，组织制订、修订所辖范围内的生产运营规章制度、工作程序标准等，直接指挥和监督现场工作。

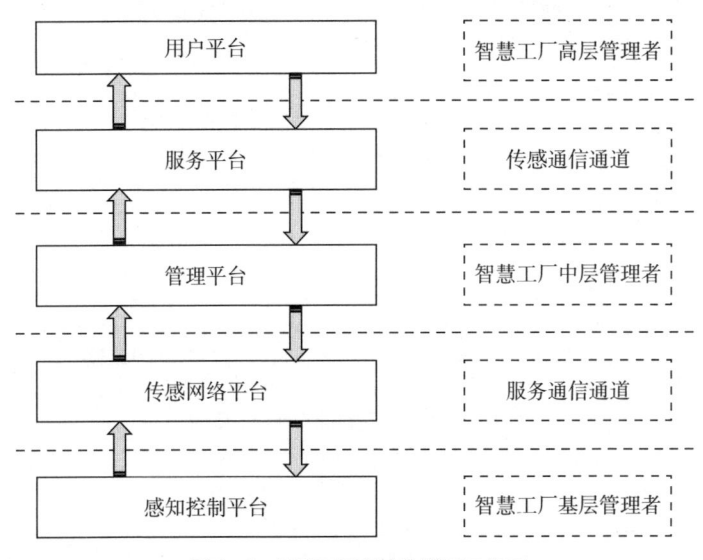

用户平台	智慧工厂高层管理者
服务平台	传感通信通道
管理平台	智慧工厂中层管理者
传感网络平台	服务通信通道
感知控制平台	智慧工厂基层管理者

图 8-6　智慧工厂行政物联网二级网

三、智慧工厂行政物联网三级网

智慧工厂行政物联网三级网的结构如图 8-7 所示。智慧工厂行政物联网三级网的用户平台为智慧工厂中层管理者。智慧工厂中层管理者主导三级网的组建和运行，全面管理本部门内的各类生产经营工作，组织并指导部门下属员工完成生产经营任务。智慧工厂行政物联网三级网的管理平台为智慧工厂基层管理者。智慧工厂基层管理者在中层管理者的授权下对三级网进行直接管理，协助中层管理者统筹本部门内的各项工作，组织、指导、监督基层员工对具体工作事项的执行。智慧工厂行政物联网三级网的感知控制平台为智慧工厂基层员工，即智慧工厂中的一线技术人员、行政人员等。智慧工厂基层员工执行中层管理者下达的各项指令，严格按照岗位职责和工作流程完成自身的生产、研发、销售等具体任务。

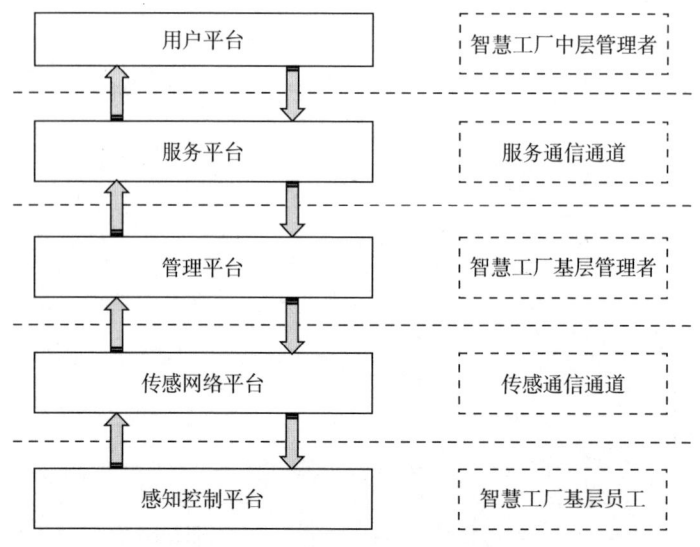

```
┌─────────────────┐      ┌─────────────────┐
│     用户平台     │      │  智慧工厂中层管理者  │
└─────────────────┘      └─────────────────┘
        ↕
┌─────────────────┐      ┌─────────────────┐
│     服务平台     │      │    服务通信通道    │
└─────────────────┘      └─────────────────┘
        ↕
┌─────────────────┐      ┌─────────────────┐
│     管理平台     │      │  智慧工厂基层管理者  │
└─────────────────┘      └─────────────────┘
        ↕
┌─────────────────┐      ┌─────────────────┐
│   传感网络平台   │      │    传感通信通道    │
└─────────────────┘      └─────────────────┘
        ↕
┌─────────────────┐      ┌─────────────────┐
│   感知控制平台   │      │   智慧工厂基层员工  │
└─────────────────┘      └─────────────────┘
```

图 8-7 智慧工厂行政物联网三级网

第五节
智慧工厂自组物联网

智慧工厂自组物联网是基于智慧工厂成员的个人责任感和能动性形成的，用于处理业务和职能范畴之外的事务的物联网，其结构如图 8-8 所示。智慧工厂自组物联网具有临时性、高效性、随机性的特点，不与其中成员当前的业务、职能、行政层级相联系。智慧工厂自组物联网由智慧工厂任一成员，在生产经营过程中突发某种特殊情况或发生某些特定问题时，依据个人经验或常识判断而建立，用于迅速处理或解决这些潜在的可能会影响智慧工厂正常运行的情况或问题。

智慧工厂自组物联网通常都是临时组建而成，待情况、事务处理完毕或问题解决后就会解散，但在某些情形下，亦可在事务或问题解决后，根据其是否符合国家法律法规、是否符合智慧工厂的规章制度及是否满足智慧工厂生产经营发展需求等因素，进行综合考量进而决定其是否需要纳入智慧工厂工业物联网中的业务物联网、职能物联网或行政物联网。

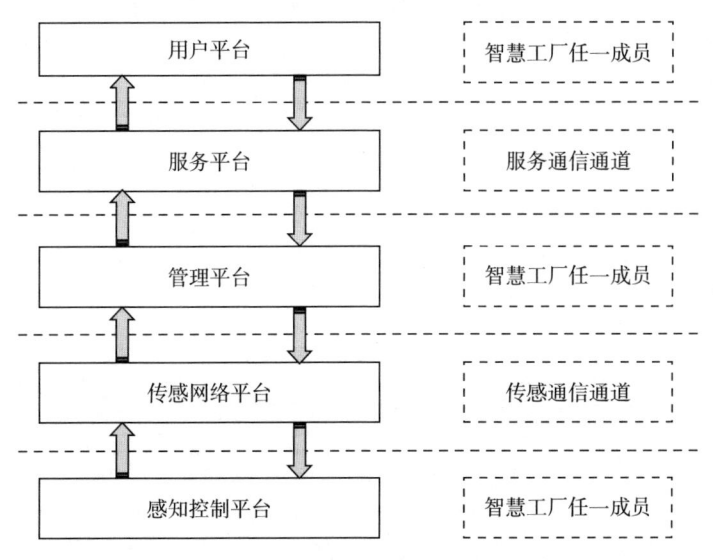

```
┌──────────────┐      ┌ ─ ─ ─ ─ ─ ─ ─ ┐
│   用户平台   │      │ 智慧工厂任一成员 │
└──────────────┘      └ ─ ─ ─ ─ ─ ─ ─ ┘
       ↕
┌──────────────┐      ┌ ─ ─ ─ ─ ─ ─ ─ ┐
│   服务平台   │      │  服务通信通道  │
└──────────────┘      └ ─ ─ ─ ─ ─ ─ ─ ┘
       ↕
┌──────────────┐      ┌ ─ ─ ─ ─ ─ ─ ─ ┐
│   管理平台   │      │ 智慧工厂任一成员 │
└──────────────┘      └ ─ ─ ─ ─ ─ ─ ─ ┘
       ↕
┌──────────────┐      ┌ ─ ─ ─ ─ ─ ─ ─ ┐
│  传感网络平台 │      │  传感通信通道  │
└──────────────┘      └ ─ ─ ─ ─ ─ ─ ─ ┘
       ↕
┌──────────────┐      ┌ ─ ─ ─ ─ ─ ─ ─ ┐
│  感知控制平台 │      │ 智慧工厂任一成员 │
└──────────────┘      └ ─ ─ ─ ─ ─ ─ ─ ┘
```

图 8-8　智慧工厂自组物联网

智慧工厂自组物联网的用户平台是智慧工厂任一成员，其对智慧工厂具有责任感和归属感，并将责任感和归属感内化为行为动力，成为需求产生的主体，主导自组物联网的组建和运行。用户平台的智慧工厂成员，具有决定自组物联网信息的收集、存储、使用及信息运行闭环方式等方面的权力，同时承担提出需求、主导自组物联网组建和运行、提供信息和资源的义务和责任。

智慧工厂自组物联网的管理平台同为用户平台的这一成员。在作为管理平台之时，这一智慧工厂成员需要具备一定的分析、策划统筹、组织安排、指导协调和执行管控等方面的能力，能够对用户平台需求进行分析，并将其转化为可供感知控制平台执行的明确工作内容。作为管理平台的智慧工厂成员，还需要根据智慧工厂的组织架构、职能分工、业务划分找到对应的行政、职能或业务部门进行沟通，并对事件的处理进行有组织、有意识、有策划的执行和管控。

  智慧工厂自组物联网的感知控制平台可以是用户平台和管理平台的这一成员，也可以是相应解决方案的其他执行者。作为感知控制平台的这一成员，需要遵循用户平台制订的物联网规则，服从管理平台的管理，用获取到的信息和资源去执行事务处理的具体指令。

第九章 云制造工业物联网

Chapter 9

随着云计算和大数据集成等诸多技术的推广和应用，云制造成为工业企业为取得更大的规模效益而选择的新型发展方式，可广泛覆盖工业企业的制造与管理业务。云制造工业物联网是制造与云计算相结合的体系，通常由政府主导建设，以云平台的形式为属地企业提供信息传输、综合管理与增值服务等丰富的产品、服务和解决方案。本章将基于工业物联网云平台，阐述云制造工业物联网的3种类型：智慧工业园工业物联网、智慧工业区工业物联网、广域云制造工业物联网。

第一节
工业物联网云平台

云制造工业物联网将工业物联网接入云平台，通过云平台方式提供的云计算技术优势与工业物联网的期望规模增益和资源共享的特征之间存在较高的匹配度。将云平台技术应用到工业物联网中，既符合智能制造高度自动化和智能化的发展趋势，也能够保障工业物联网中信息的顺畅运行，提高工业物联网数字化和智能化的水平。

通常而言，工业物联网的用户平台和感知控制平台无须接入云平台，而传感网络平台、管理平台及服务平台都包含大量的数据传输、存储、处理、认证、加密等信息处理工作，其信息运行荷载可能会超过平台自身的承载能力，此时，3个平台都可以根据信息处理需求接入云平台，扩展自身的信息处理能力。3个平台接入的云平台分别为服务云平台、管理云平台和传感云平台，如图9-1所示。

服务云平台是替代或扩展工业物联网服务平台功能的一类云平台，与用户平台直接通信。

服务平台是连接用户平台和管理平台的服务通信通道。服务平台需要具备搜集、处理和传输大量信息的能力，并且要能够提炼其中正确和有效的信息并使其能够在用户平台和管理平台之间顺利传输，实现感知信息的完整上传和控制信息的完整下达。

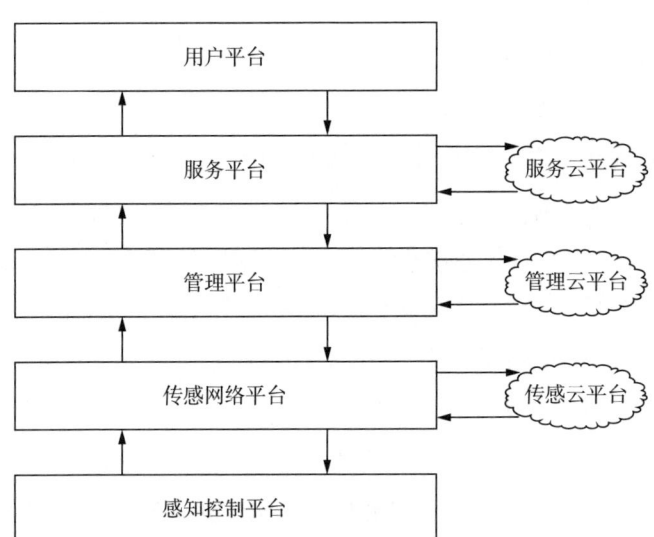

图 9-1　工业物联网云平台

将服务平台接入云平台，以服务云平台的方式实现服务通信，有助于完成对感知服务信息和控制服务信息的处理。服务云平台提供的云计算内容包括信息认证、加密、过滤等，可防止虚假、未授权、冗余信息的上传和下发，实现接口管理、防火墙规则管理、网络流量管理等功能，能够帮助用户平台了解生产经营全局情况，保障决策质量和决策效率，确保物联网的稳定运行。

管理云平台是替代或扩展工业物联网管理平台功能的一类云平台，汇集了云平台中全部的信息。

管理平台在用户平台的授权下，对物联网的整体运行状态进行调节，参与其中的信息处理并发出控制指令，是保障整个物联网运行质量和效率的重要功能平台。管理平台对信息处理的速度和精确度要求较高。

将管理平台接入云平台，有助于实现管理云平台对物联网的协同管理。管理云平台能实现大量信息的汇总、分析和转化，能够根据用户平台的需求智能分配计算资源，进而完成对感知管理信息和控制管理信息的处理,以满足企业优化管理的需求。

传感云平台是替代或扩展工业物联网传感网络平台功能的一类云平台,在感知控制平台和管理平台之间实现传感通信,能够对巨大数据量级的传感信息进行传输和处理。

感知控制平台上包含若干生产设备和生产线等,涉及多个感知控制点位,大量感知信息需要从感知控制平台传输到管理平台进行处理。同时,通过管理平台发出的关于各设备的各种操作的控制信息也较为复杂,需要与众多设备精准对接,对传感网络平台自身的信息处理能力提出了较高要求。

将传感网络平台接入云平台,可以为工业企业提供专业且可靠的传感数据云计算服务,在协助企业降低传感网络技术使用门槛和控制成本的基础上实现规模效益的提高。传感云平台通过授权接收来自感知控制平台和管理平台的信息,进行传感信息处理、补充数据库及更新数据库等云计算工作。传感云平台处理过的信息,再通过授权允许的方式传回到物联网中的传感网络平台。在传感云平台的参与和帮助下,物联网可以保障自身的运行效率,并实现传感云平台的相应功能。

在云制造工业物联网中,参与的云平台数量并不固定,根据实际应用需求,可能存在单云平台参与、两云平台参与及三云平台参与3种形式,服务云平台、管理云平台、传感云平台在其中可按需求任意组合。

一、单云平台参与的工业物联网

单云平台参与的工业物联网可分为3种情形:服务云平台参与的工业物联网、管理云平台参与的工业物联网及传感云平台参与的工业物联网。下面以服务云平台参与的工业物联网为例进行介绍,其整体结构如图9-2所示。

云平台参与工业物联网的方式有网外计算和网内计算两种。以服务云平台为例,其网外计算是:当信息传入服务平台时,服务平台对信息量大小进行判断,在信息量较大且自身无法处理的情况下,将信息传入服务云平台处理，处理完成后，由服务云平台将信息传回至服务平台，如图 9-2 所示。其网内计算是：服务云平台获得用户平台授权，其他平台的信息不经由服务平台直接传入服务云平台进行处理，处理完成后，由服务云平台将信息不经由服务平台直接传输至其他平台，如图 9-3 所示。

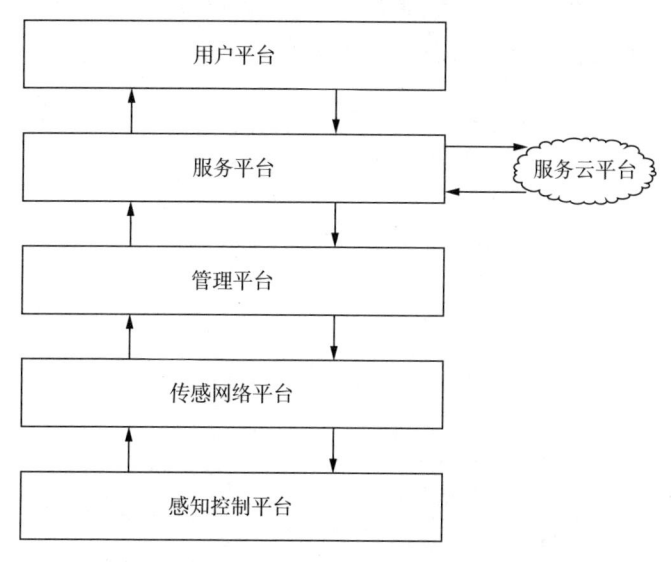

图 9-2　服务云平台参与的工业物联网（网外计算）

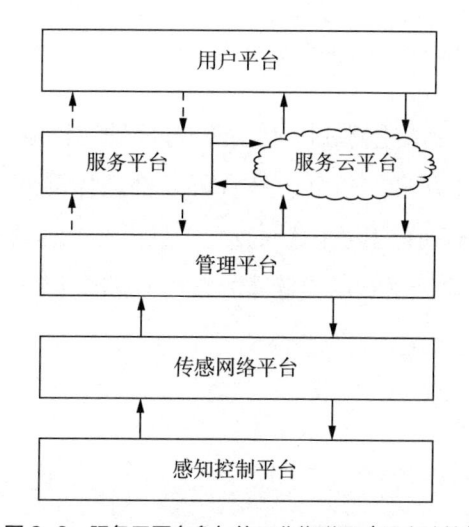

图 9-3　服务云平台参与的工业物联网（网内计算）

二、两云平台参与的工业物联网

两云平台参与的工业物联网可分为 3 种情形：服务云平台和管理云平台参与的工业物联网、服务云平台和传感云平台参与的工业物联网、管理云平台和传感云平台参与的工业物联网。下面以管理云平台和传感云平台参与的工业物联网为例进行介绍，其整体结构如图 9-4 所示。

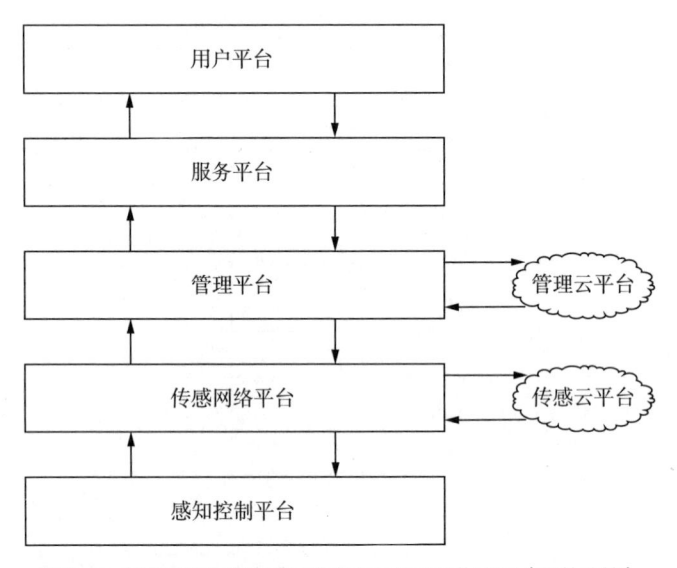

图 9-4　管理云平台和传感云平台参与的工业物联网（网外计算）

两云平台参与的工业物联网中，云平台可根据实际需求选择网外计算和网内计算两种方式。两个云平台可以都选择网外计算的方式（见图 9-4），也可以都选择网内计算的方式（见图 9-5），或者选择一个云平台网外计算而另一个云平台网内计算的方式（见图 9-6）。

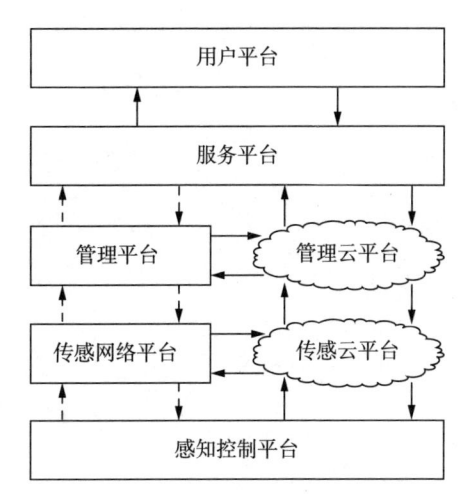

图 9-5　管理云平台和传感云平台参与的工业物联网（网内计算）

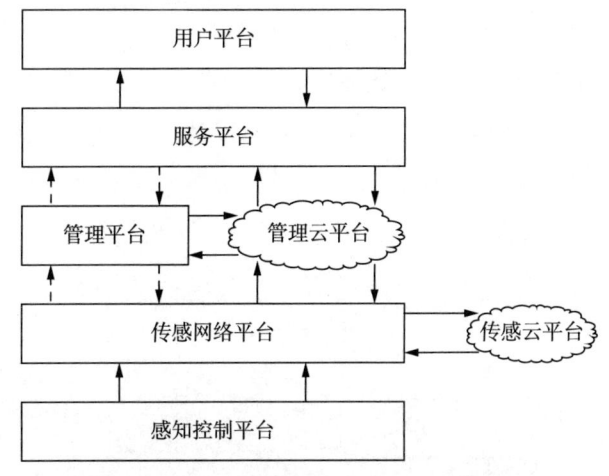

图 9-6　管理云平台和传感云平台参与的工业物联网
（管理云平台网内计算、传感云平台网外计算）

三、三云平台参与的工业物联网

三云平台参与的工业物联网只存在一种情形，即服务云平台、管理云平台、传感云平台共同参与到工业物联网中，如图 9-7 所示。

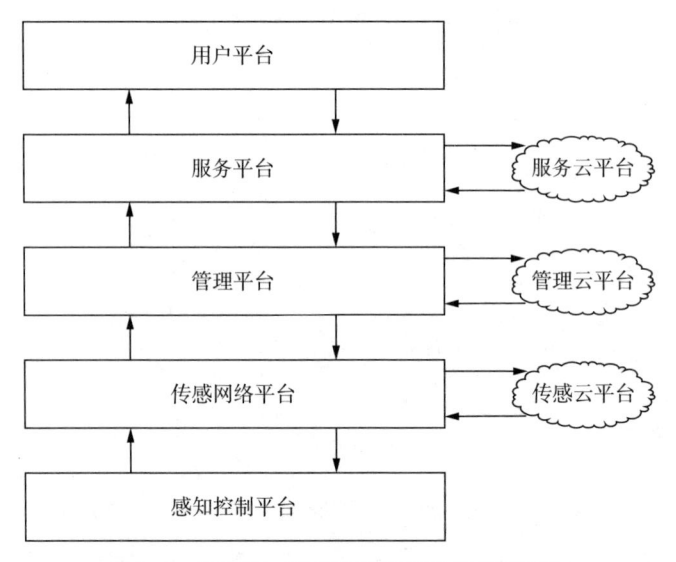

```
        ┌─────────────┐
        │   用户平台   │
        └─────────────┘
              ↕
        ┌─────────────┐      ╭─────────╮
        │   服务平台   │ ←→  │ 服务云平台 │
        └─────────────┘      ╰─────────╯
              ↕
        ┌─────────────┐      ╭─────────╮
        │   管理平台   │ ←→  │ 管理云平台 │
        └─────────────┘      ╰─────────╯
              ↕
        ┌─────────────┐      ╭─────────╮
        │  传感网络平台 │ ←→  │ 传感云平台 │
        └─────────────┘      ╰─────────╯
              ↕
        ┌─────────────┐
        │  感知控制平台 │
        └─────────────┘
```

图 9-7 三云平台参与的工业物联网（网外计算）

三云平台参与的工业物联网中，云平台可根据实际需求选择网外计算和网内计算两种方式。3 个云平台可以都选择网外计算的方式（见图 9-7），也可以都选择网内计算的方式（见图 9-8），或者选择部分云平台网外计算而部分云平台网内计算的方式（见图 9-9）。

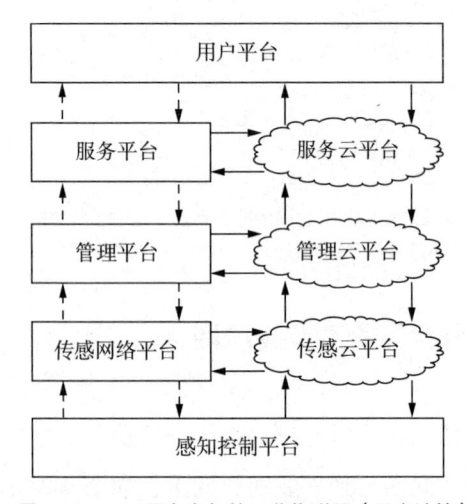

图 9-8 三云平台参与的工业物联网（网内计算）

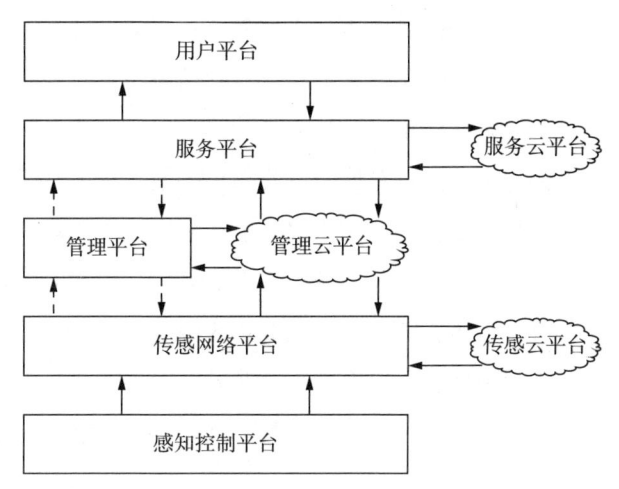

```
┌─────────────────┐
│     用户平台     │
└─────────────────┘
        ↕
┌─────────────────┐      ╭─────────╮
│     服务平台     │ ←──  │ 服务云平台 │
└─────────────────┘      ╰─────────╯
        ↕
┌─────────────────┐      ╭─────────╮
│     管理平台     │ ←──→ │ 管理云平台 │
└─────────────────┘      ╰─────────╯
        ↕
┌─────────────────┐      ╭─────────╮
│   传感网络平台   │ ←──  │ 传感云平台 │
└─────────────────┘      ╰─────────╯
        ↕
┌─────────────────┐
│   感知控制平台   │
└─────────────────┘
```

图 9-9　三平台参与的工业物联网
（管理云平台网内计算、服务云平台和传感云平台网外计算）

根据覆盖范围、参与主体及所接入云平台的差异，云制造工业物联网可分为三类：智慧工业园工业物联网、智慧工业区工业物联网、广域云制造工业物联网。

第二节　智慧工业园工业物联网

智慧工业园工业物联网是在智慧工业园范围内组建的工业物联网。工业园是指为适应生产专业化发展要求，建立在固定地域（常位于城市边缘）上的，主要由制造型企业和服务型企业形成的产业集群，也可能涵盖政府部门和社会组织等单位。智慧工业园则是传统工业园转型升级的重要目标，是工业园中生产要素数字化、生产过程自动化、现场控制智能化、系统服务集成化、业务管理信息化的体现。工业企业是智慧工业园中典型的制造型企业，其存在使用云平台获取计算能力、存储资源和信息服务的需求。云平台的建设需要相应的硬件条件，如数量足够的服务器和广泛覆盖的宽带或其他网络，还需搭建机房来部署这些设备设施，并培养专业的技术人员来进行操作，这对工业企业而言意味着较大的成本投入和较高的技术门槛。多数工业企业尚不具备独立搭建内部云平台的条件，转而寻求外部云平台的服务、资源及计算能力的支持。智慧工业园中的服务型企业中有一部分属于云平台运营者，它们对智慧工业园工业物联网中的云平台进行统筹，并将企业作为管理和服务的对象，指导企业对自身内部的物联网进行管理和决策。智慧工业园工业物联网由企业和云平台运营者之间的相互吸引与合作推动形成。不同企业对云平台的类型需求不同，从而与业务各有侧重的云平台运营者达成一致目标，形成各具特色的智慧工业园工业物联网。

根据参与的云平台数量的不同，智慧工业园工业物联网可分为三类：以单云平台为基础的智慧工业园工业物联网、以两云平台为基础的智慧工业园工业物联网、以三云平台为基础的智慧工业园工业物联网。

一、以单云平台为基础的智慧工业园工业物联网

根据参与的云平台类型的不同，以单云平台为基础的智慧工业园工业物联网可分为三类：以服务云平台为基础的智慧工业园工业物联网、以管理云平台为基础的智慧工业园工业物联网、以传感云平台为基础的智慧工业园工业物联网。

（一）以服务云平台为基础的智慧工业园工业物联网

以服务云平台为基础的智慧工业园工业物联网的结构如图9-10所示。企业的内部物联网通过服务平台与服务云平台交互。该物联网将服务云平台运营者内部运营结构（称作"运营物联网"）与其理务对象——各工业企业相结合。

在以服务云平台为基础的智慧工业园工业物联网中，感知控制平台是使用服务云平台理务功能的众多企业，即企业1、企业2至企业n。每个

企业内部都是由用户平台、服务平台、管理平台、传感网络平台及感知控制平台构成的工业物联网结构。

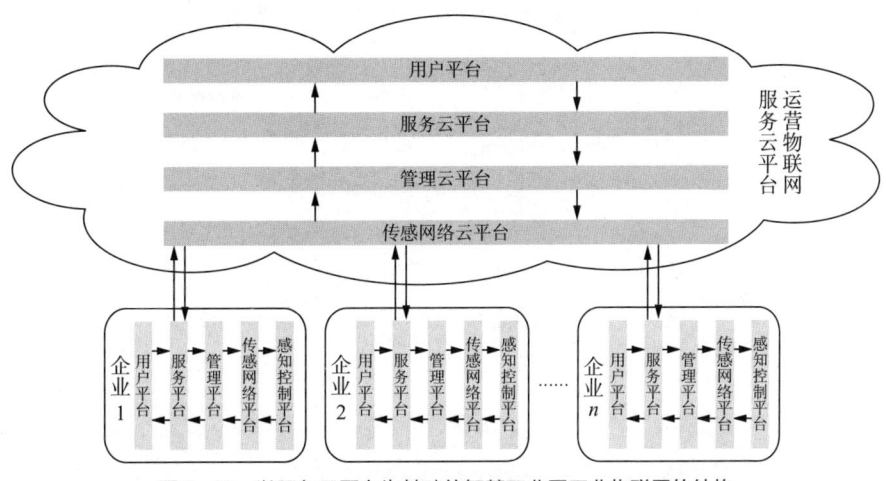

图 9-10　以服务云平台为基础的智慧工业园工业物联网的结构

除感知控制平台外，其余平台均由服务云平台的运营者担任。传感网络平台是传感云平台运营物联网内的传感通信通道，可以分类地读取和云存储各工业企业上传的信息，进行较为简单的信息处理，并且与管理平台之间进行信息双向传输。

管理平台对服务云平台运营物联网内的用户平台需求进行分析，对传感云平台业务进行策划和统筹、组织和安排、指挥和指导，协调并管控具体执行情况。管理平台对众多企业内部的服务平台进行分组管理，实时监测其运行状态，提供服务平台的历史数据查询、维护、信息自动处理等管理服务。

服务平台是服务云平台运营物联网内的服务通信通道，该平台的功能为信息的上传下达，包括向用户平台反馈服务云平台的运营情况、向管理平台传达用户平台的指令等。

用户平台是服务云平台运营物联网内的决策平台。用户平台根据管理平台汇总的物联网运行信息，做出判断和决策，制定服务云平台的发展路线和运营策略，主导运营物联网自身的运行，进而影响各企业内部物联网及整个智慧工业园工业物联网的运行。

（二）以管理云平台为基础的智慧工业园工业物联网

以管理云平台为基础的智慧工业园工业物联网的结构如图9-11所示。企业的内部物联网通过管理平台与管理云平台交互。该物联网将管理云平台运营物联网与其理务对象——各企业相结合。

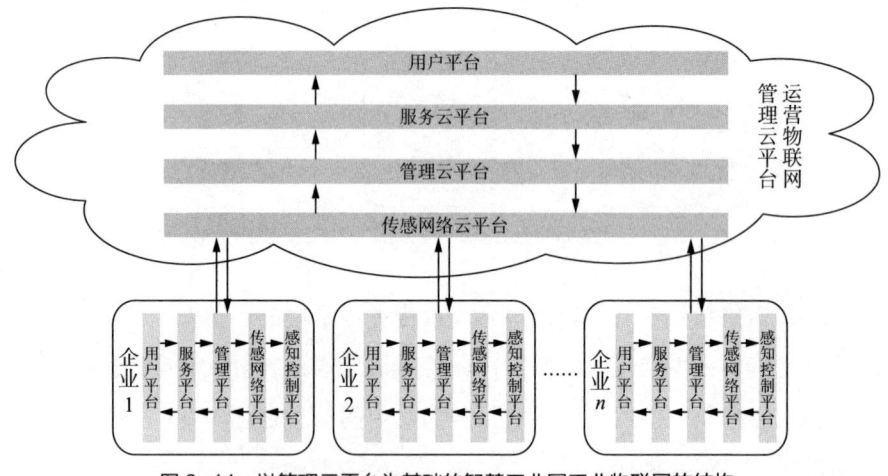

图9-11 以管理云平台为基础的智慧工业园工业物联网的结构

在以管理云平台为基础的智慧工业园工业物联网中，用户平台、服务平台、管理平台及传感网络平台均由管理云平台的运营者担任，感知控制平台则由使用管理云平台理务功能的企业1、企业2至企业n担任。

管理云平台的核心功能是为企业提供云管理服务，对众多企业的信息与这些信息所承载的业务进行理务，包括智能化的汇总、计算、分析和存储过程，为企业内部物联网和管理云平台运营物联网内用户平台的决策提供相应的数据支撑。

（三）以传感云平台为基础的智慧工业园工业物联网

以传感云平台为基础的智慧工业园工业物联网的结构如图9-12所

示。企业的内部物联网通过传感网络平台与传感云平台交互。该物联网将传感云平台运营物联网与其理务对象——各企业相结合。

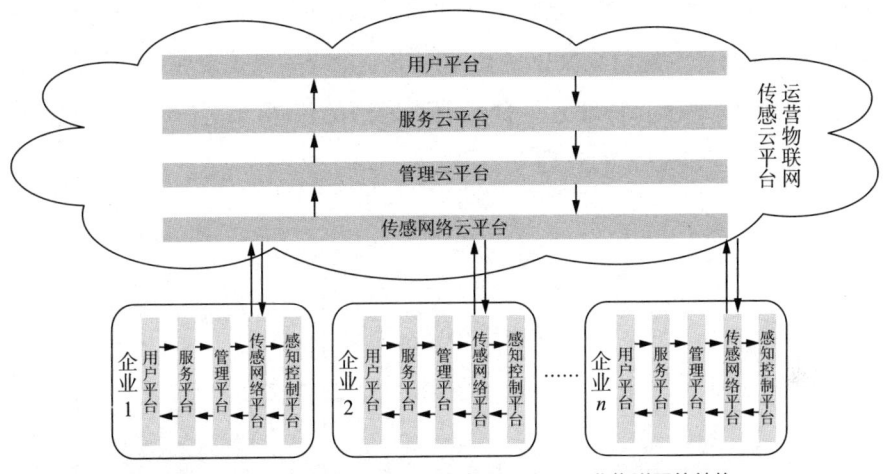

图 9-12　以传感云平台为基础的智慧工业园工业物联网的结构

在以传感云平台为基础的智慧工业园工业物联网中，用户平台、服务平台、管理平台及传感网络平台均由传感云平台的运营者担任，感知控制平台则由使用传感云平台理务功能的企业 1、企业 2 至企业 n 担任。

传感云平台的核心功能是为企业提供云传感服务，可直接接收企业感知控制平台或传感网络平台上传的信息，对信息进行认证、过滤、转译、加密等简单处理，并将处理后的信息传输至企业内部的管理平台，管理平台进行进一步的信息处理工作。

二、以两云平台为基础的智慧工业园工业物联网

根据参与的云平台类型的不同，以两云平台为基础的智慧工业园工业物联网可分为三类：以服务云平台和管理云平台为基础的智慧工业园工业物联网、以服务云平台和传感云平台为基础的智慧工业园工业物联网、以管理云平台和传感云平台为基础的智慧工业园工业物联网。

（一）以服务云平台和管理云平台为基础的智慧工业园工业物联网

以服务云平台和管理云平台为基础的智慧工业园工业物联网的结构如图 9-13 所示。该物联网包括服务云平台运营物联网和管理云平台运营物联网。服务云平台运营物联网的传感网络平台统一连接企业 1、企业 2 至企业 n 的服务平台，管理云平台运营物联网的传感网络平台统一连接企业 1、企业 2 至企业 n 的管理平台。

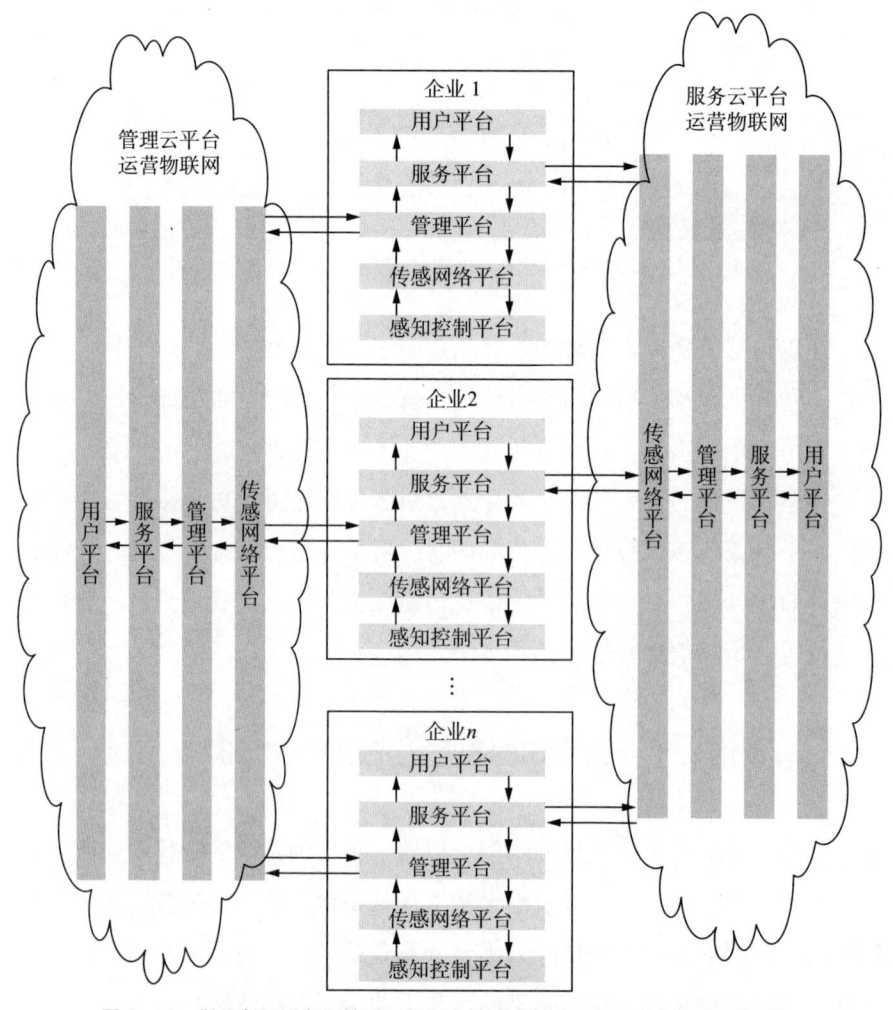

图 9-13 以服务云平台和管理云平台为基础的智慧工业园工业物联网的结构

该物联网的用户平台、服务平台、管理平台、传感网络平台均在服务云平台运营物联网和管理云平台运营物联网内部，感知控制平台则是使用服务云平台和管理云平台理务功能的众多企业。各企业内部同样具备完整的工业物联网结构，由用户平台、服务平台、管理平台、传感网络平台、感知控制平台构成。

在该物联网中，服务云平台和管理云平台可能由同一运营者运营，也可能由不同的运营者运营。该物联网可能由服务云平台运营者主导，也可能由管理云平台运营者主导，还可能由服务云平台和管理云平台运营者共同主导。

（二）以服务云平台和传感云平台为基础的智慧工业园工业物联网

以服务云平台和传感云平台为基础的智慧工业园工业物联网的结构如图 9-14 所示。该物联网包括服务云平台运营物联网和传感云平台运营物联网。服务云平台运营物联网的传感网络平台统一连接企业 1、企业 2 至企业 n 的服务平台，传感云平台运营物联网的传感网络平台统一连接企业 1、企业 2 至企业 n 的传感网络平台。

在该物联网中，服务云平台和传感云平台可能由同一运营者运营，也可能由不同的运营者运营。该物联网可能由服务云平台运营者主导，也可能由传感云平台运营者主导；还可能由服务云平台和传感云平台运营者共同主导。

（三）以管理云平台和传感云平台为基础的智慧工业园工业物联网

以管理云平台和传感云平台为基础的智慧工业园工业物联网的结构如图 9-15 所示。该物联网包括管理云平台运营物联网和传感云平台运营物联网。管理云平台运营物联网的传感网络平台统一连接企业 1、企业 2 至企业 n 的管理平台，传感云平台运营物联网的传感网络平台统一连接企业 1、企业 2 至企业 n 的传感网络平台。

在该物联网中，管理云平台和传感云平台可能由同一运营者运营，也可能由不同的运营者运营。该物联网可能由管理云平台运营者主导，也可能由传感云平台运营者主导，还可能由管理云平台和传感云平台运营者共同主导。

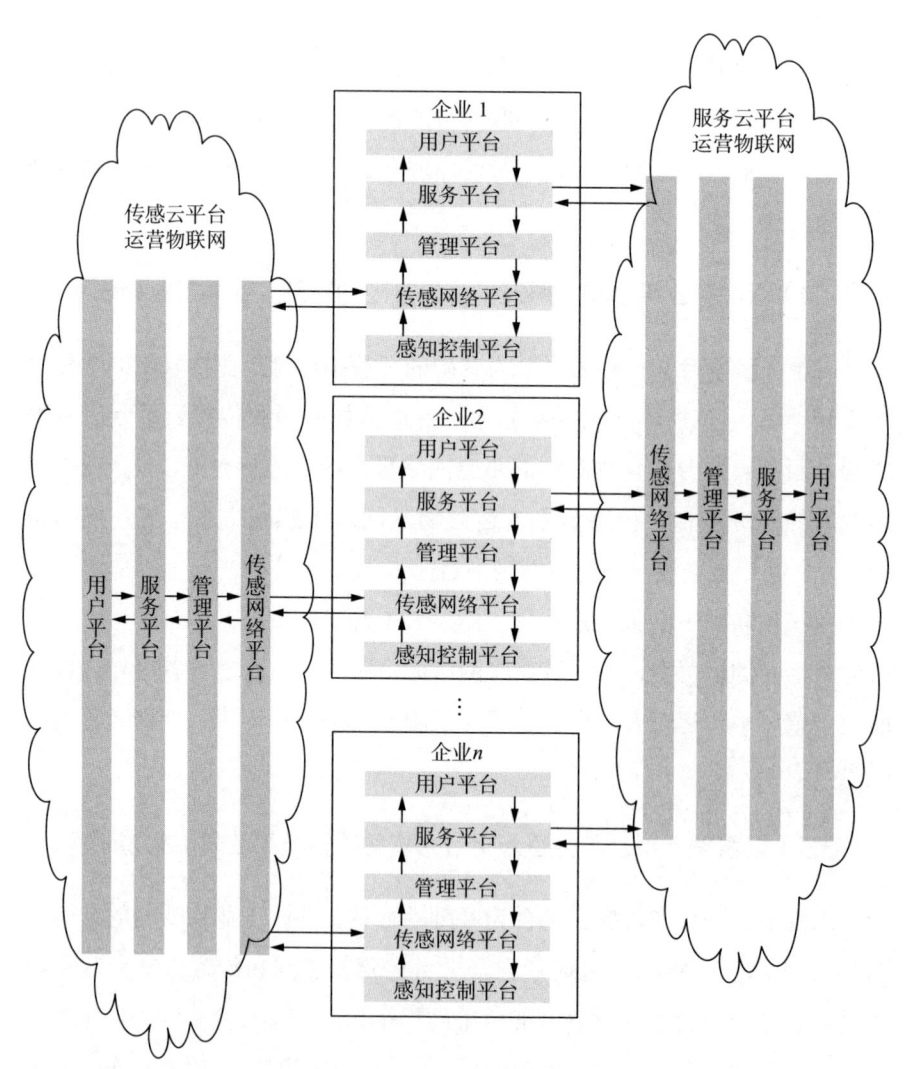

图 9-14 以服务云平台和传感云平台为基础的智慧工业园工业物联网的结构

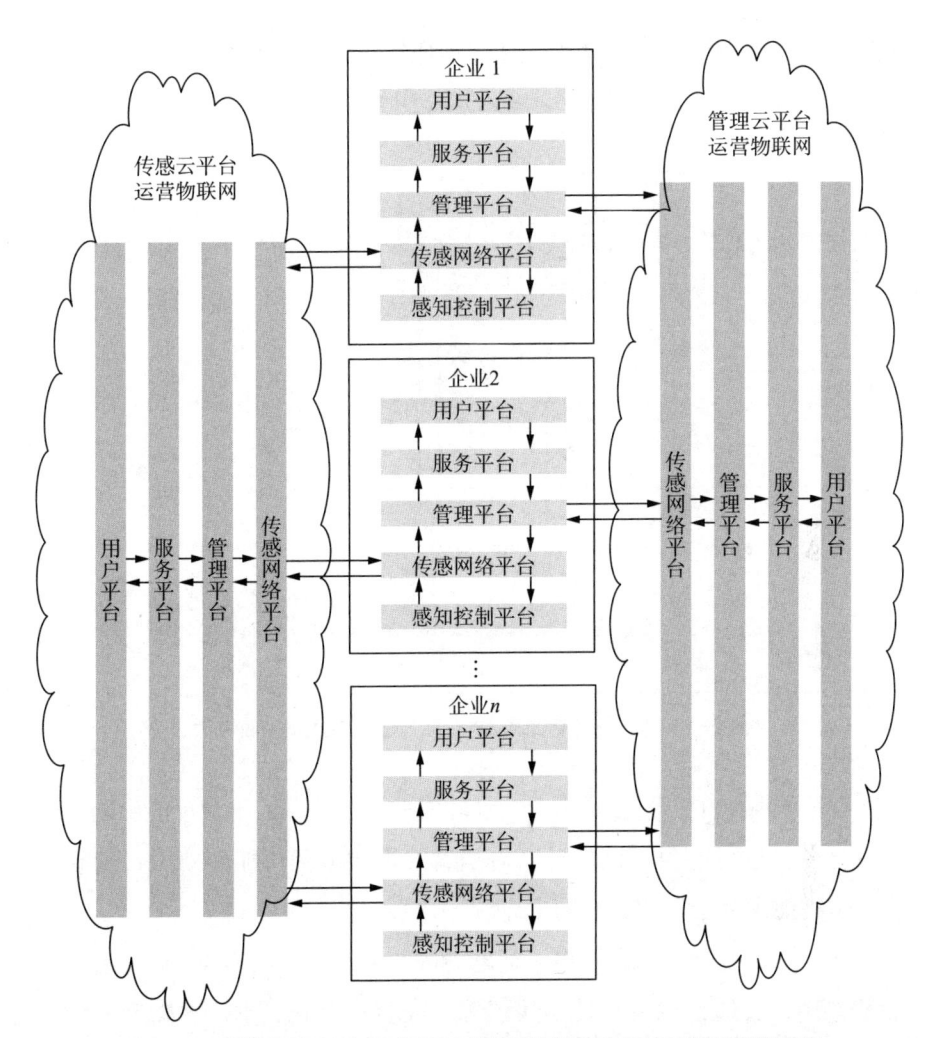

图 9-15　以管理云平台和传感云平台为基础的智慧工业园工业物联网的结构

三、以三云平台为基础的智慧工业园工业物联网

以三云平台为基础的智慧工业园工业物联网的结构如图 9-16 所示。该物联网包括服务云平台运营物联网、管理云平台运营物联网、传感云平台运营物联网。服务云平台运营物联网、管理云平台运营物联网、传感云

平台运营物联网的传感网络平台，统一连接企业 1、企业 2 至企业 n 的服务平台、管理平台、传感网络平台。

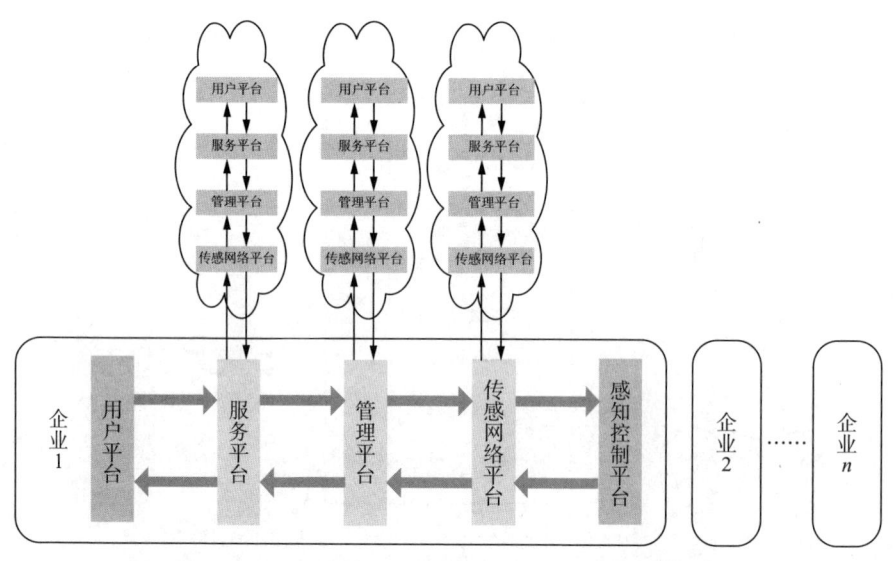

图 9-16 以三云平台为基础的智慧工业园工业物联网的结构

在该物联网中，服务云平台、管理云平台、传感云平台可能由同一运营者运营，也可能由不同的运营者运营。该物联网可能由单个运营者主导，也可能由多个运营者共同主导。

接入 3 个云平台时选择单一运营者的业务结构较为常见，3 个云平台能够共用一套通信设备和通信协议等，较容易控制成本，保障理务的质量、信息的安全性及可靠性。同时，也存在各个运营者分别在云服务、云管理和云传感方面各具优势的情况，企业在这种情况下通常会为内部各平台分别匹配最适合的云平台。

第三节
智慧工业区工业物联网

智慧工业区工业物联网是在智慧工业区范围内组建的工业物联网,如图 9-17 所示。工业区是一个具备完善基础设施和配套服务体系的工业化载体,不局限于国家级经济技术开发区、国家级高新技术产业开发区、国家级保税区、国家级进出口加工区和各类省级开发区,还包括以大型企业为核心的工业聚集区或其他工业集群。而智慧工业区则是在工业区的基础上,将传统的工业生产体系与信息技术相结合,使整个工业区变成一个智慧型系统,从而提高工业区中各单位之间的通信能力、工厂的制造能力和企业的经济效益等。智慧工业区中包含了众多的人员、企业、机构、政府及其他单位,范围比智慧工业园更广,单位数量比智慧工业园更多,形成结构更为复杂的智慧工业区工业物联网。

智慧工业区工业物联网的用户平台包括企业、企业员工、政府、客户等,各类用户的需求主导着智慧工业区工业物联网的组建和运行。

企业处于用户平台时,其主要需求包括生产制造、技术研发、人才吸纳、市场经营等。企业是智慧工业区的主要构成单位,智能制造在企业的组织和统筹下开展。企业以智能制造工业物联网、智慧工厂工业物联网等形式接入云平台、进入智慧工业区物联网时,通过智慧工业区的资源聚集和规模服务,企业可以实现高效、便捷、环保、节能生产。企业也是智慧工业区的主要管理对象,在接受智慧工业区所提供的服务的同时,企业也在为智慧工业区提供服务。

企业员工处于用户平台时,其主要需求包括便捷的园区通行、产品质量与效率的保障、安全的生产流程等。企业员工是智能制造产品的生产者、管理者及园区智慧服务的使用者,是智慧工业区中参与生产和经营的最基本单位。当企业以智能制造工业物联网、智慧工厂工业物联网等形式

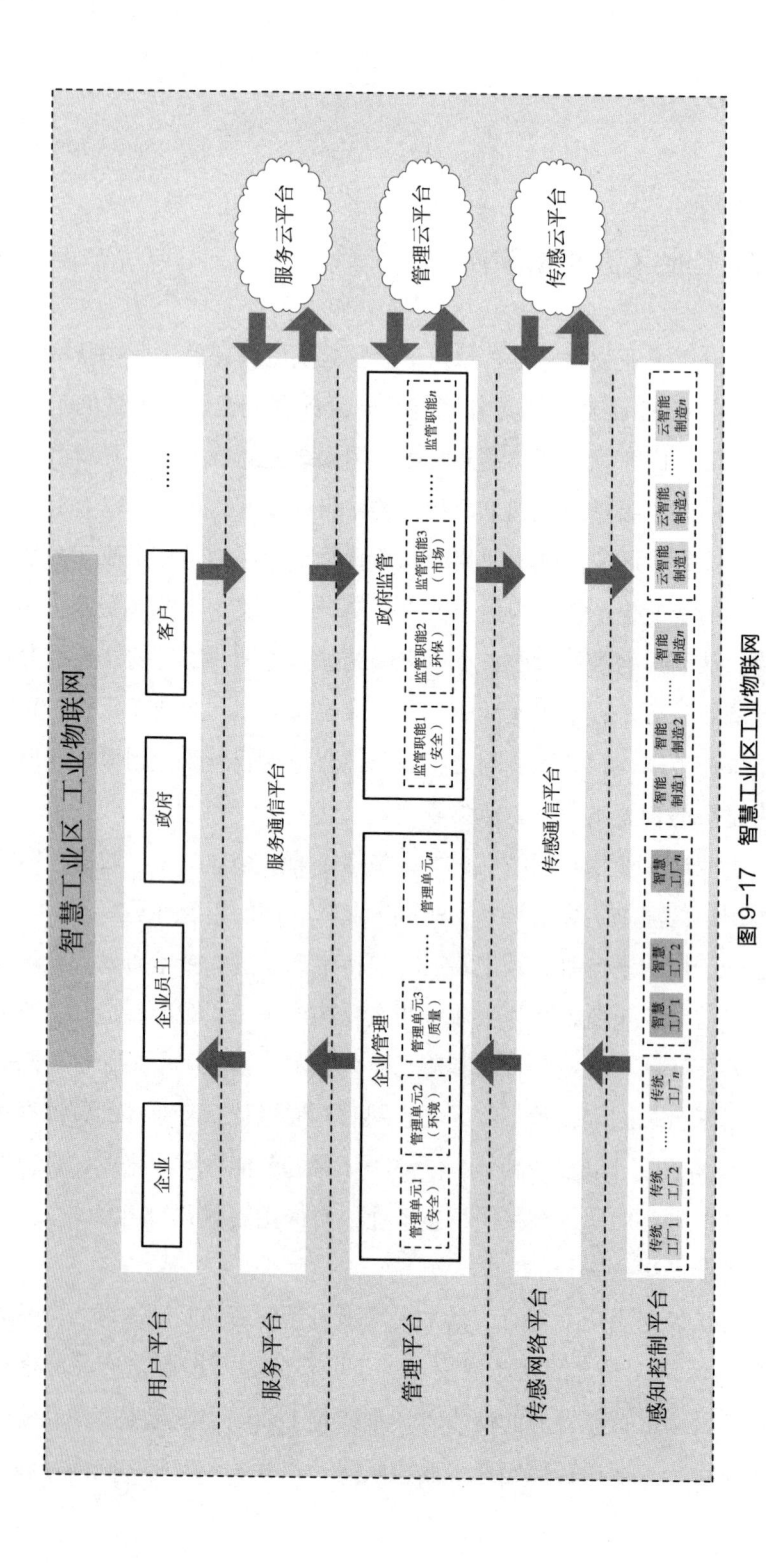

图 9-17 智慧工业区工业物联网

接入云平台、进入智慧工业区物联网时，企业员工通过利用智慧工业区中各种智能设备、智能系统、智能服务等参与智慧工业区物联网，完成智能制造的生产操作和智慧工厂的经营任务。企业员工需求的持续变化在推动着智慧工业区内部设施与服务的优化升级。

政府处于用户平台时，其主要需求包括创新管理机制、服务企业、招商引资、发展工业区内经济等。政府直接或间接推动工业区的形成和发展，是推动工业区向智慧工业区的重要力量。在智慧工业区中，政府科学制定政策，为智慧工业区提供发展平台；政府实施项目带动战略，为工业区的发展提供资源上的保障；政府合理确定工业区的功能定位和特色主导产业，培育特色工业促进企业根植。政府作为统筹协调者、设施建设者及服务提供者参与到智慧工业区工业物联网之中，为智慧工业区的顺利运转提供保障。政府也是智慧工业区运行规则的制定者和各类事项的管理者，站在全局的视角决策智慧工业区的发展方向。

客户处于用户平台时，其主要需求包括获取产品、获取服务、建立合作等。智慧工业区中各企业生产的产品和提供的服务将传递给客户，客户对产品和服务的要求是企业进行生产经营活动的重要参考。客户通过各种资源交换企业的产品和服务，交换而来的资源可以帮助企业实现生产经营的维持和发展。客户在参与智慧工业区工业物联网时，可能与企业和政府进行紧密合作，对智慧工业区的发展方向产生影响。

智慧工业区工业物联网的管理平台包括企业管理和政府监管两个部分。企业管理是企业内部的自我管理，包括安全管理、环境管理、质量管理等多个管理单元。政府监管是政府对智慧工业区内企业生产经营活动的监管，通过安全监管、环保监管、市场监管等多个职能单位进行。企业管理在政府监管的范围内实现自身功能。

智慧工业区工业物联网的感知控制平台包括各类企业，如传统工厂（未实现智能制造的企业）、智慧工厂、智能制造型企业、云智能制造型企业等。各类企业在用户平台的主导和管理平台的管理下，进行生产经营，为各类用户提供服务。

第四节
广域云制造工业物联网

广域云制造工业物联网不对参与云制造的各类工业企业做出区域的限制，形成互通互联的广域云网，如图 9-18 所示。相较于智慧工业园与智慧工业区，广域云制造涉及更多的工业企业。随着工业数字化进程的加速，工业企业对系统上云、多云融合及各类云应用等高质量广域云的需求逐步增加，越来越多的工业企业参与到广域云制造体系建设与运行中，以实现研发设计、制造、仓储物流等资源的共建和共享。

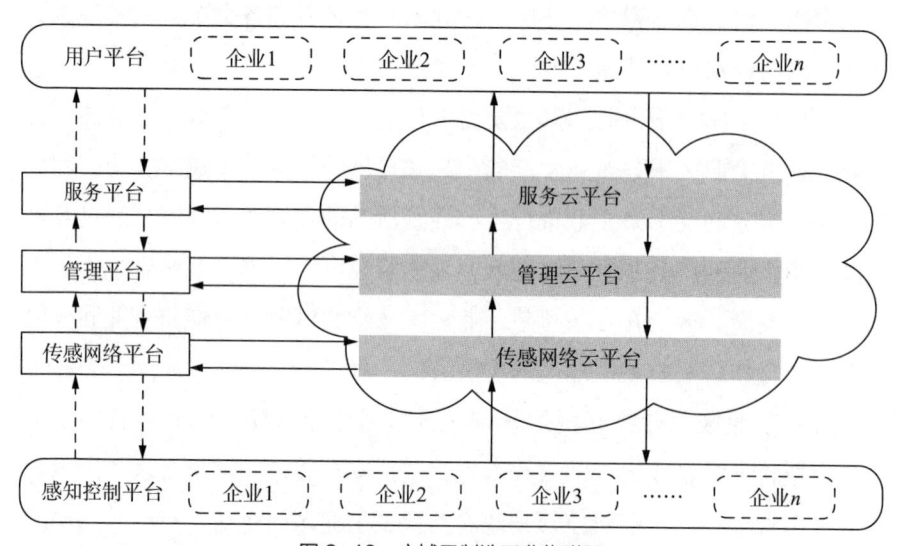

图 9-18 广域云制造工业物联网

广域云制造工业物联网中可能包含不同类型的工业企业，未建立智慧工厂或智能制造体系的企业、智慧工厂、智慧工业园、智慧工业区等都可根据自身需求接入广域云制造工业物联网。通常而言，缺乏智能制造能力的企业更需要通过云平台进行管理和获取服务。在工业企业通过广域云制造工业物联网满足自身需求的过程中，工业制造与广域网络的结合更加紧密，工业企业的数字化与云化转型不断深入。广域云制造的深入发展为工业企业、政府、云平台运营商等参与者提供了数据信息价值最大化的交流共享平台，以及快速和灵活接入云平台的通道，提升了政企业务服务体验；政、企、云实现深度融合，赋能数字工业生态新范式。

根据用户平台主体类型的不同，广域云制造工业物联网可分为四类：以非智能制造型企业为用户的广域云制造工业物联网、以智能制造型企业为用户的广域云制造工业物联网、以智慧工厂为用户的广域云制造工业物联网、以智慧工业园（区）为用户的广域云制造工业物联网。

一、以非智能制造型企业为用户的广域云制造工业物联网

智能制造的投入成本较大、技术门槛和人才质量的要求高，体量较小的企业难以负担，因此，非智能制造型企业主要分为不具备智能制造能力的规模较小的企业和部分未规划智能制造预算投入的企业。这两种类型的企业均缺乏智能制造和智能管理方面的知识和经验，需要接入广域云来为企业提供较为全面的服务和指导，以达到企业管理生产的要求。针对参与广域云制造工业物联网的非智能制造型企业，广域云作为智能"大脑"和通信通道，辅助或替代企业原有的非智能服务平台、管理平台和传感网络平台，为企业统筹数据信息、分析业务需求及调配业务所需的资源，完成非智能制造型企业生产经营的物联网闭环运行。在这一过程中，多个非智能制造型工业企业作为用户平台和感知控制平台参与广域云平台运营的物联网，形成以非智能制造型工业企业为用户的广域云制造工业物联网，如图9-19所示。

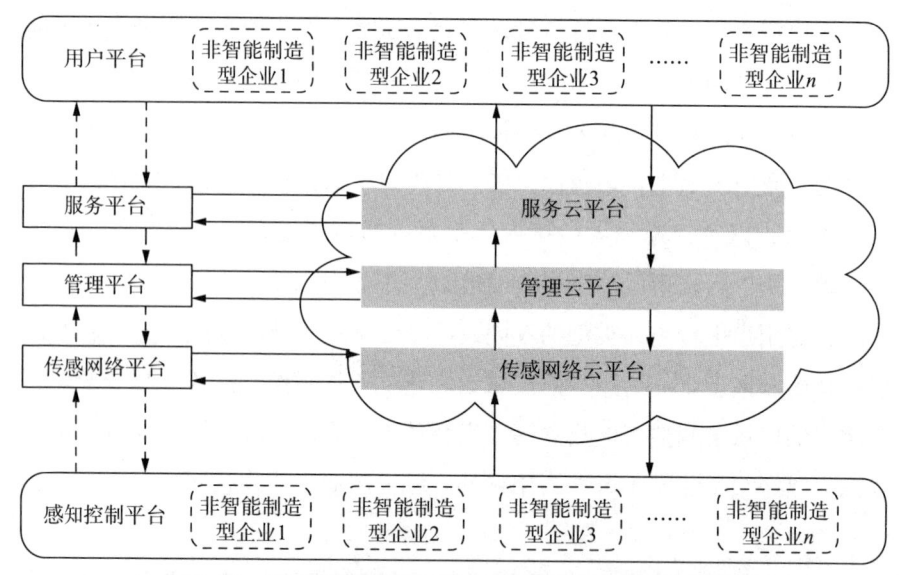

图 9-19　以非智能制造型企业为用户的广域云制造工业物联网

二、以智能制造型企业为用户的广域云制造工业物联网

不同于非智能制造型工业企业，自身可以实现智能制造的企业一般具有较大的规模和较强的资金实力。这类企业通常情况下已经具备了一定的智能制造和智能管理方面的知识和经验，能够自行初步完成智能制造生产任务。智能制造型企业有继续提升智能制造和智能管理水平的需求，因此，这类企业通常将自身的智能制造管理平台部分接入广域云，以寻求支持。此时，广域云协助或替代企业原有的服务平台、管理平台和传感网络平台，为企业提供部分管理和服务功能，进而改善和提升企业的智能制造水平，包括对智能制造中的技术壁垒、产线规划、业务难题等提供建议和解决方案。在这一过程中，多个智能制造型企业作为用户平台和感知控制平台参与广域云平台运营的物联网，形成以智能制造型企业为用户的广域云制造工业物联网，如图 9-20 所示。

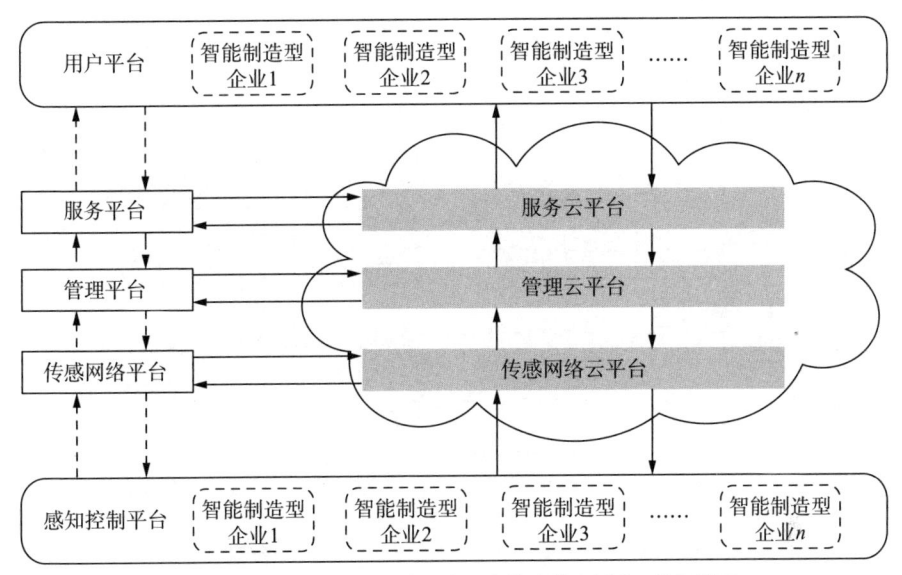

图 9-20　以智能制造型企业为用户的广域云制造工业物联网

三、以智慧工厂为用户的广域云制造工业物联网

智慧工厂是智能制造型企业实现进一步发展的形态，其智能制造生产的规模化和体系化程度更高，已经实现较高水平的智能制造和智能管理。此时，企业的战略重心逐步由企业内部转向企业外部，并提出新的诉求，包括提升工厂自主化和智能化水平、优化工厂结构、提升技术水平、共享区域资源等。基于这些诉求，智慧工厂将服务平台、管理平台和传感网络平台接入广域云，以获得补充管理和服务。此时，广域云除了帮助智慧工厂进一步优化智能管理，提升智慧工厂核心竞争力之外，还可促进区域内海量数据资源的共享，为智慧工厂的资源获取与整合能力的增强提供支持。在这一过程中，多个智慧工厂作为用户平台和感知控制平台参与广域云平台运营的物联网，形成以智慧工厂为用户的广域云制造工业物联网，如图 9-21 所示。

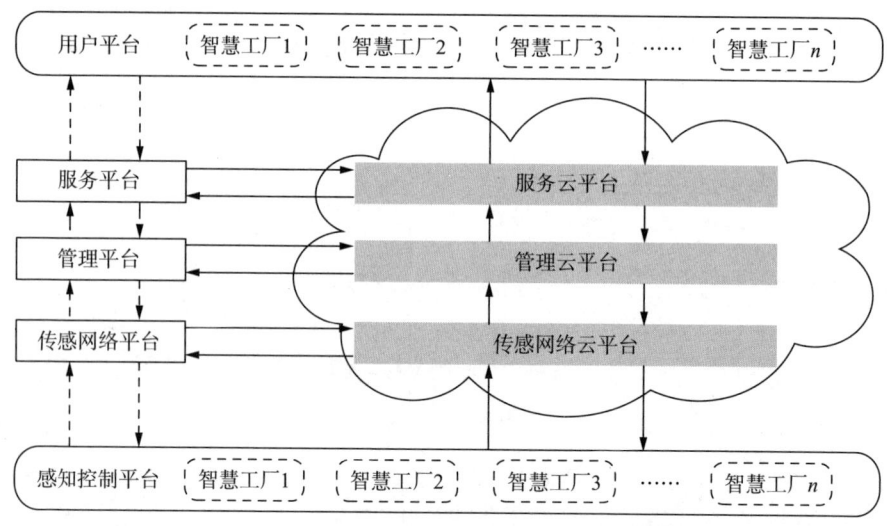

图 9-21　以智慧工厂为用户的广域云制造工业物联网

四、以智慧工业园（区）为用户的广域云制造工业物联网

除了以企业作为用户平台，广域云制造工业物联网还将智慧工业园（区）作为用户平台。智慧工业园（区）参与广域云平台运营的物联网，通常是为了加强园区或区域间的工业联系，共享智能管理与智能通信资源，将服务平台、管理平台和传感网络平台接入广域云，以获得补充服务与管理。广域云可同时连接不同区域的智慧工业园（区），这些智慧工业园（区）涵盖了企业、云平台运营商、政府单位等集成的海量数据信息资源，这些数据资源使智慧工业园（区）可以制定适合于园区的发展规划，合理、高效地管理园区内的厂房、服务和设施，吸纳和优化园区内的政企资源，促进更广范围的产业集群资源共享。在这一过程中，多个智慧工业园（区）作为用户平台和感知控制平台参与广域云平台运营的物联网，形成以智慧工业园（区）为用户的广域云制造工业物联网，如图9-22所示。

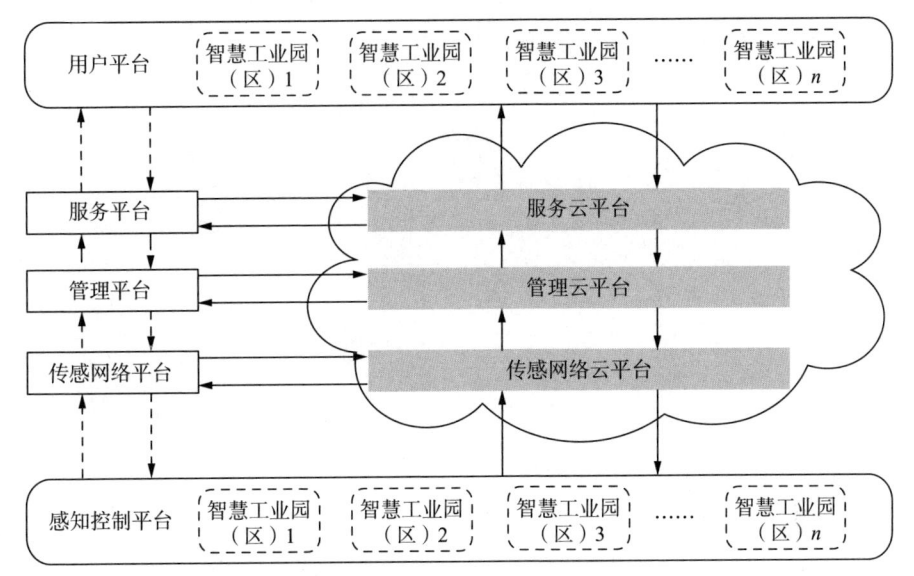

图 9-22　以智慧工业园（区）为用户的广域云制造工业物联网

结语 CONCLUSION

本书作为"工业物联网技术应用系列"丛书的开篇之作，对工业物联网进行了原理层面的分析与阐述。工业物联网作为工业互联网概念的发展，是工业 4.0 背景下工业制造体系的新样态。工业物联网包括智能制造工业物联网、智慧工厂工业物联网、云制造工业物联网 3 种类型。本书以"三体系、五平台"物联网理论为基础框架，着重对智能制造工业物联网进行深入解读，辅以对智慧工厂工业物联网、云制造工业物联网的概括性说明，建立了完整的工业物联网原理体系。

智能制造工业物联网是工业企业实现物联网组建与运行的基本形式，其内部结构可划分为三体系与五平台：功能体系、信息体系、物理体系；用户平台、服务平台、管理平台、传感网络平台、感知控制平台。智能制造工业物联网基于用户平台的需求而组网，由用户平台主导运行。根据用户需求的差异，智能制造工业物联网呈现为单体物联网、复合物联网、混合物联网 3 种形式。

基于"三体系、五平台"物联网结构，本书重点对用户平台、服务平台、管理平台、传感网络平台、感知控制平台进行了分解说明。针对每一平台，本书按照三体系的划分，分别阐述了各平台的功能体系、信息体系、物理体系。通过对智能制造工业物联网的层层分解，本书阐明了工业物联网各平台的功能定位、信息运行逻辑及物理实体形式，将工业物联网组建和运行的原理完整呈现。

"工业物联网技术应用系列"丛书指向现阶段智能制造涉及的众多应用型技术，包括工业机器人、机器视觉、数据采集与处理、PLC 自动控制、机械自动化、自动物流平台等多个板块。本丛书以本书的工业物联网原理阐释为指导，对工业物联网中的关键技术及其应用进行系统化的梳理与说明。在深入理解工业物联网原理的基础上，将本丛书的学习与智能制造的实践相结合，读者可完成对某一技术的全面分解，并结合该技术对应岗位的职责，实现对该技术的掌握和应用。

参考文献

[1] 邵泽华. 物联网——站在世界之外看世界 [M]. 北京：中国人民大学出版社，2017:23-38.

[2] 邵泽华. 物联网与企业管理 [M]. 北京：中国经济出版社，2021:83.

[3] 邵泽华. 物联网与云平台 [M]. 北京：中国人民大学出版社，2021:17.